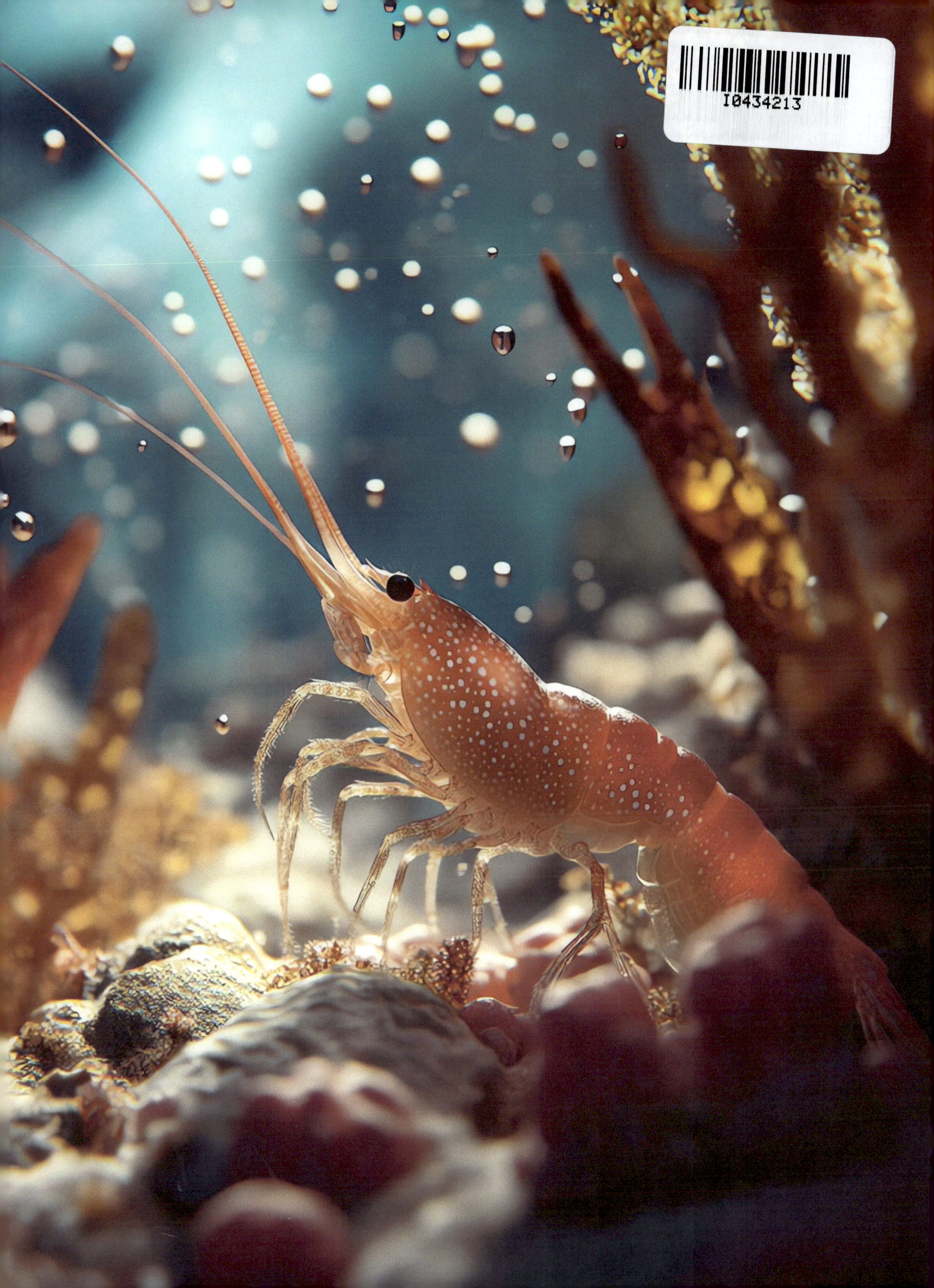

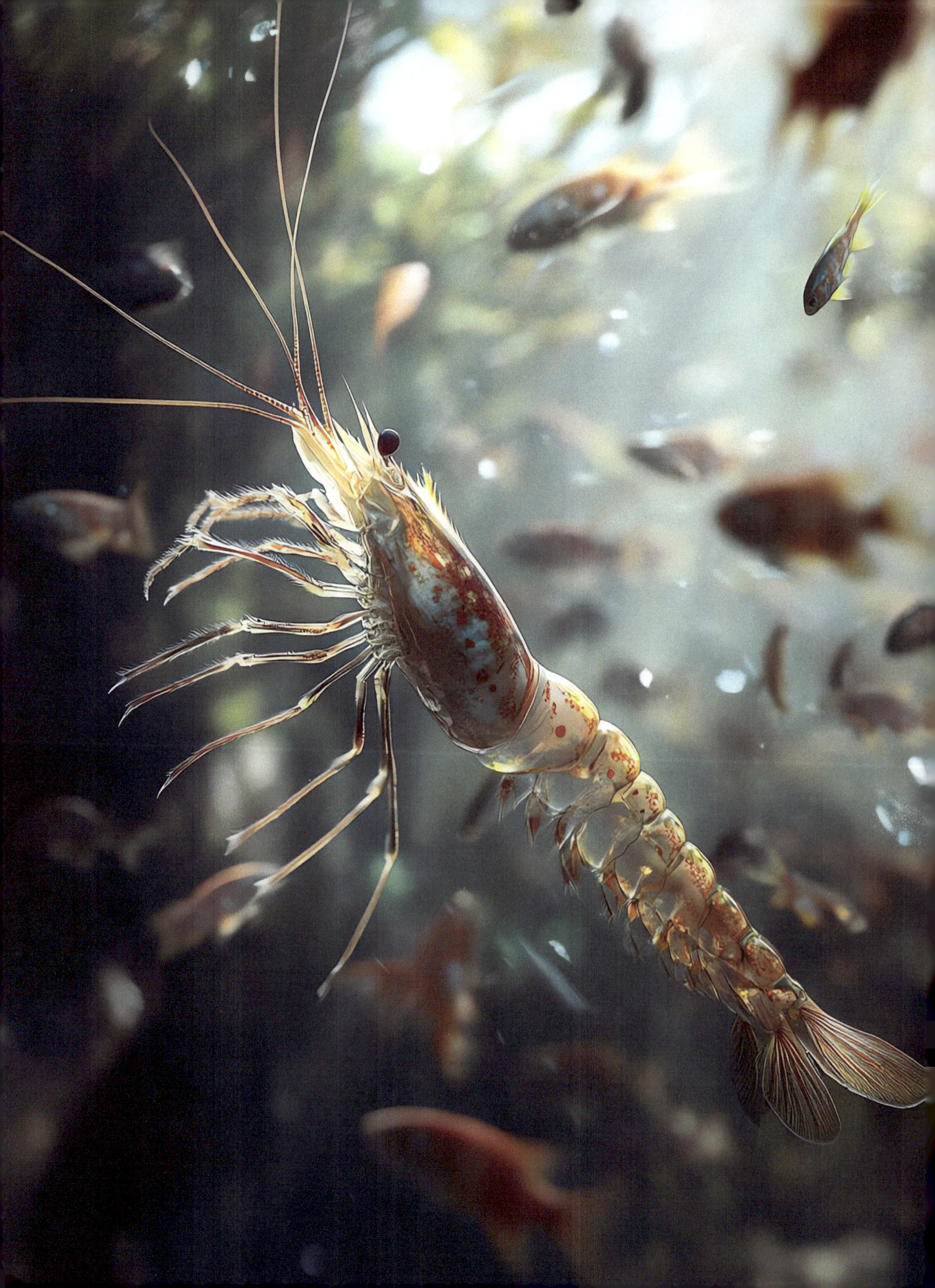

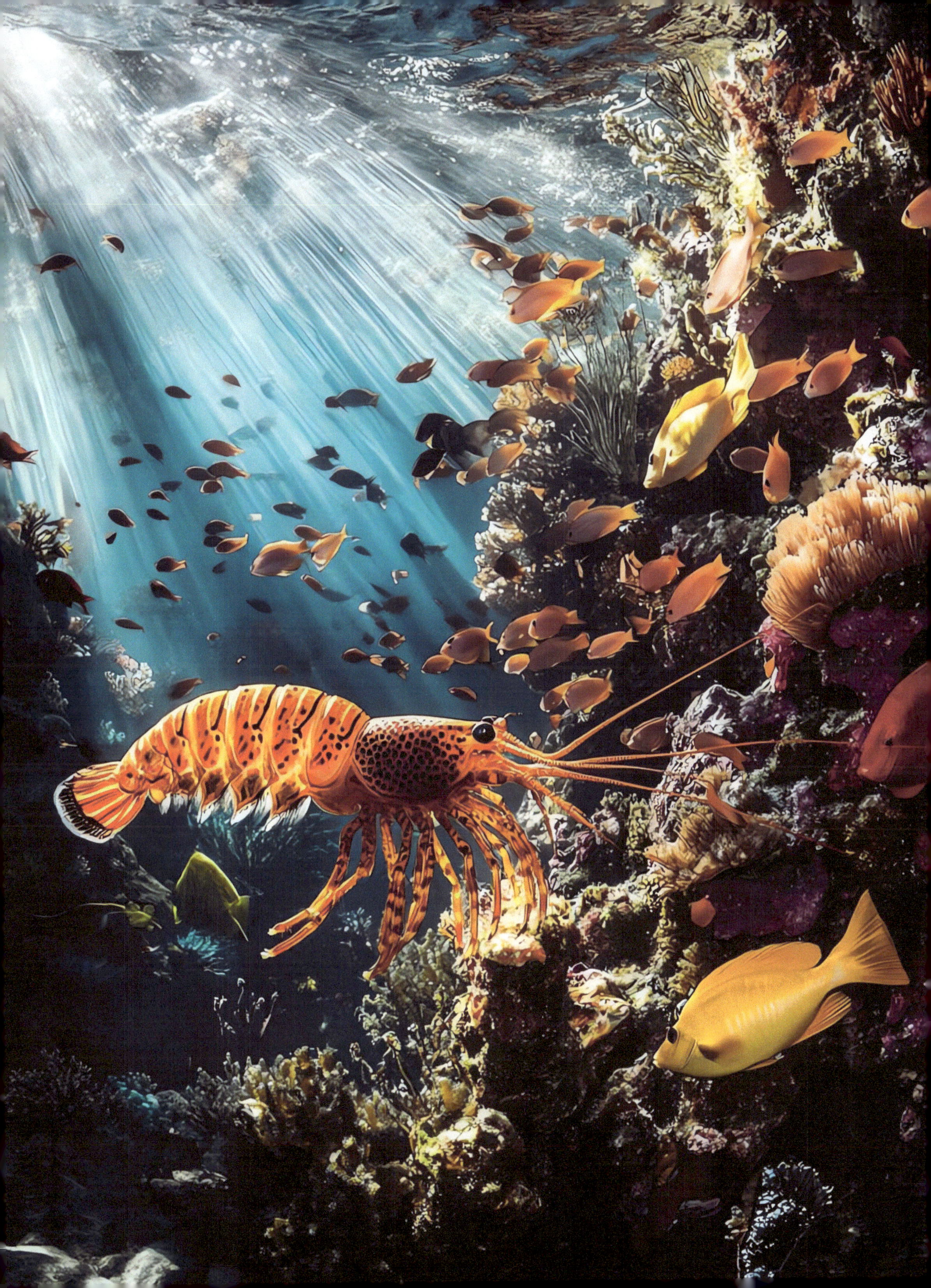

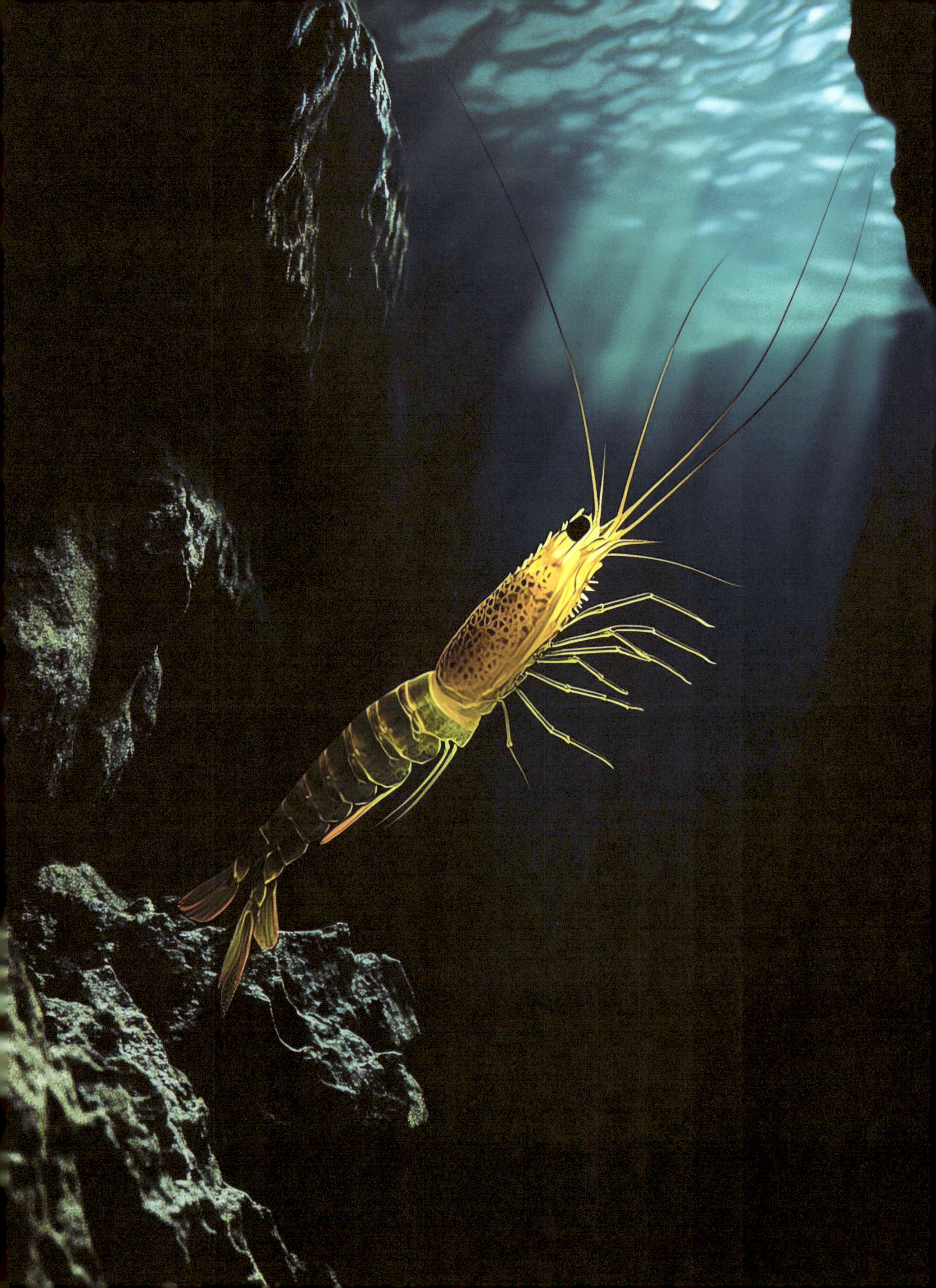

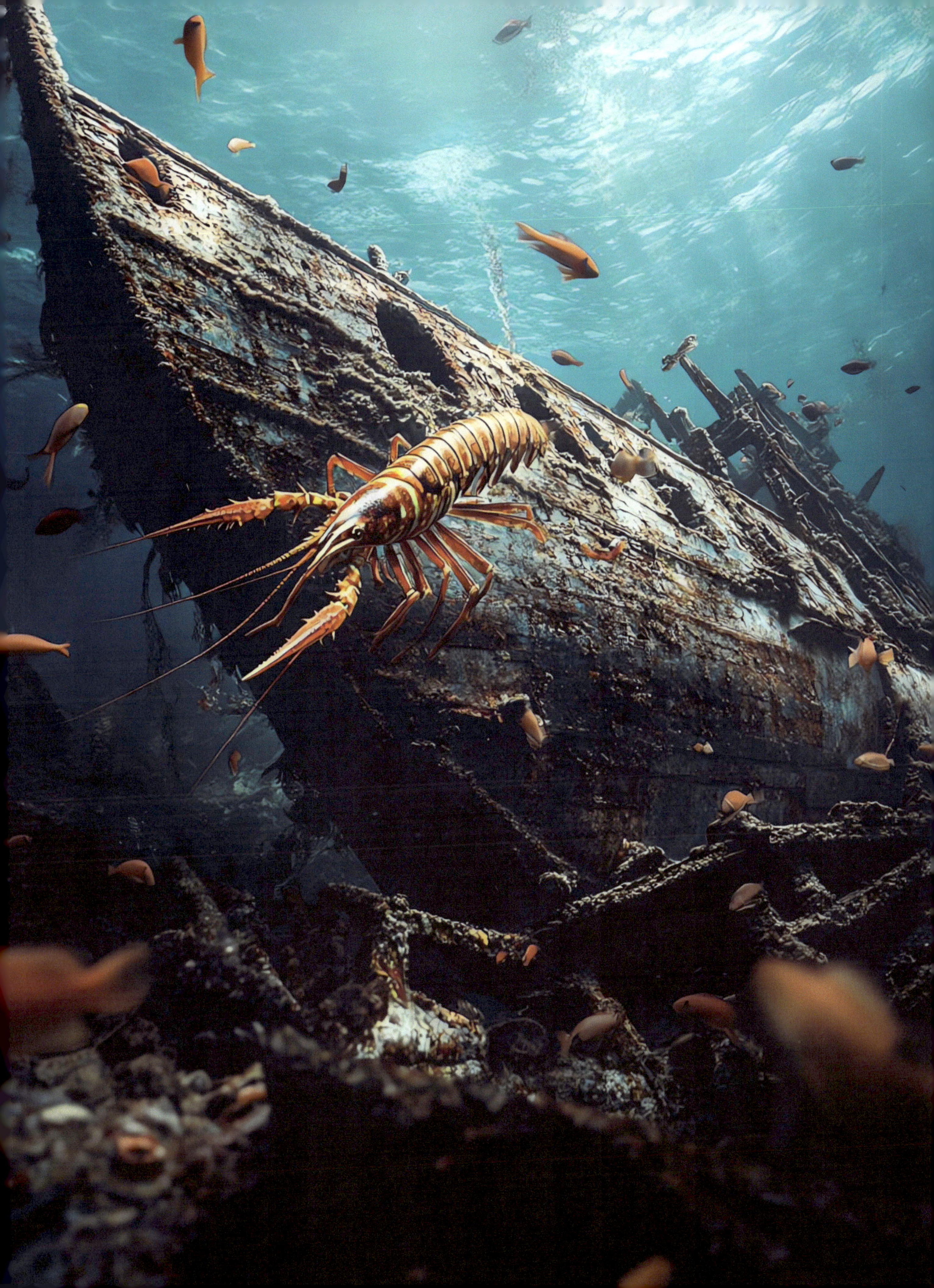

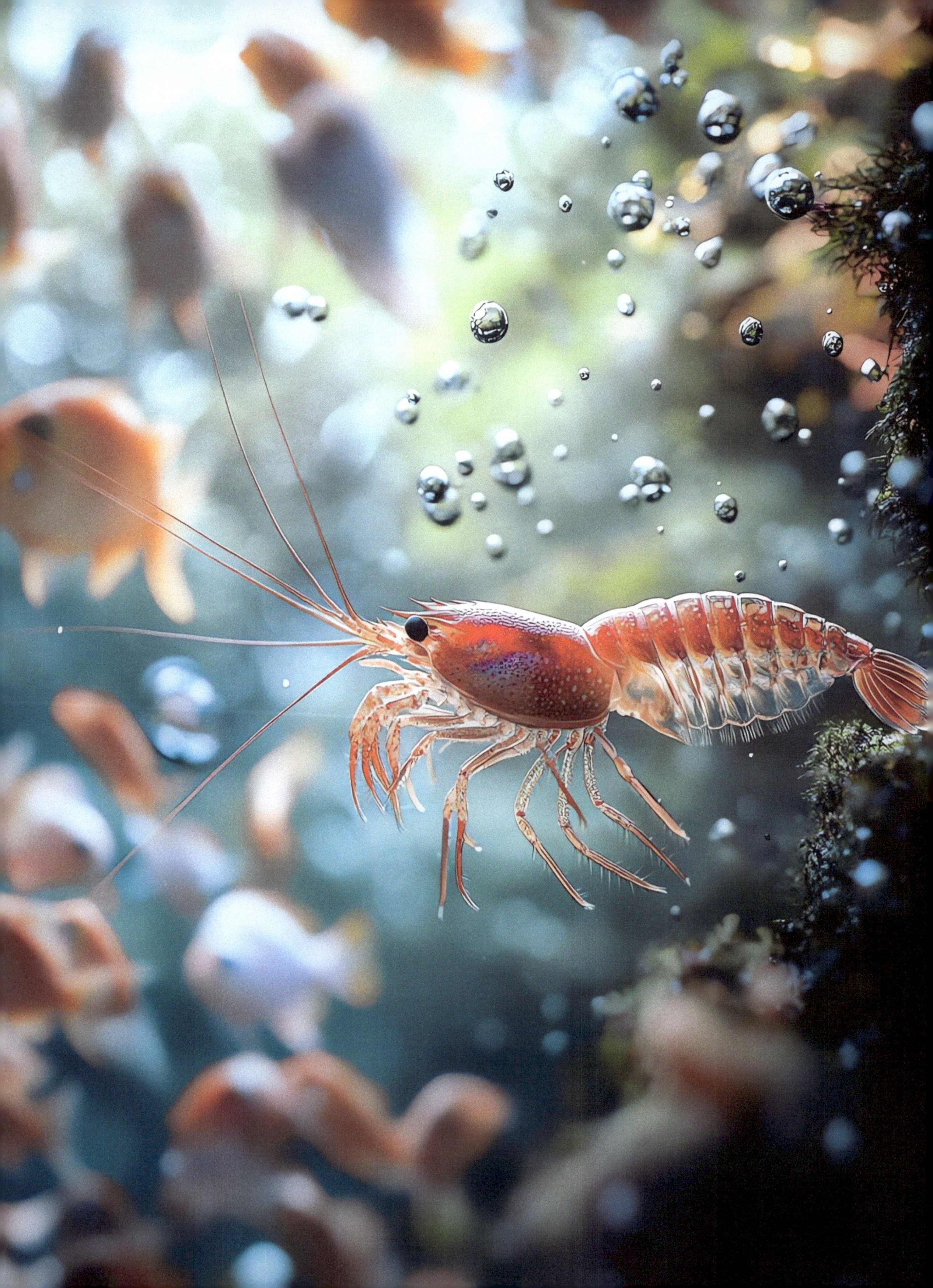

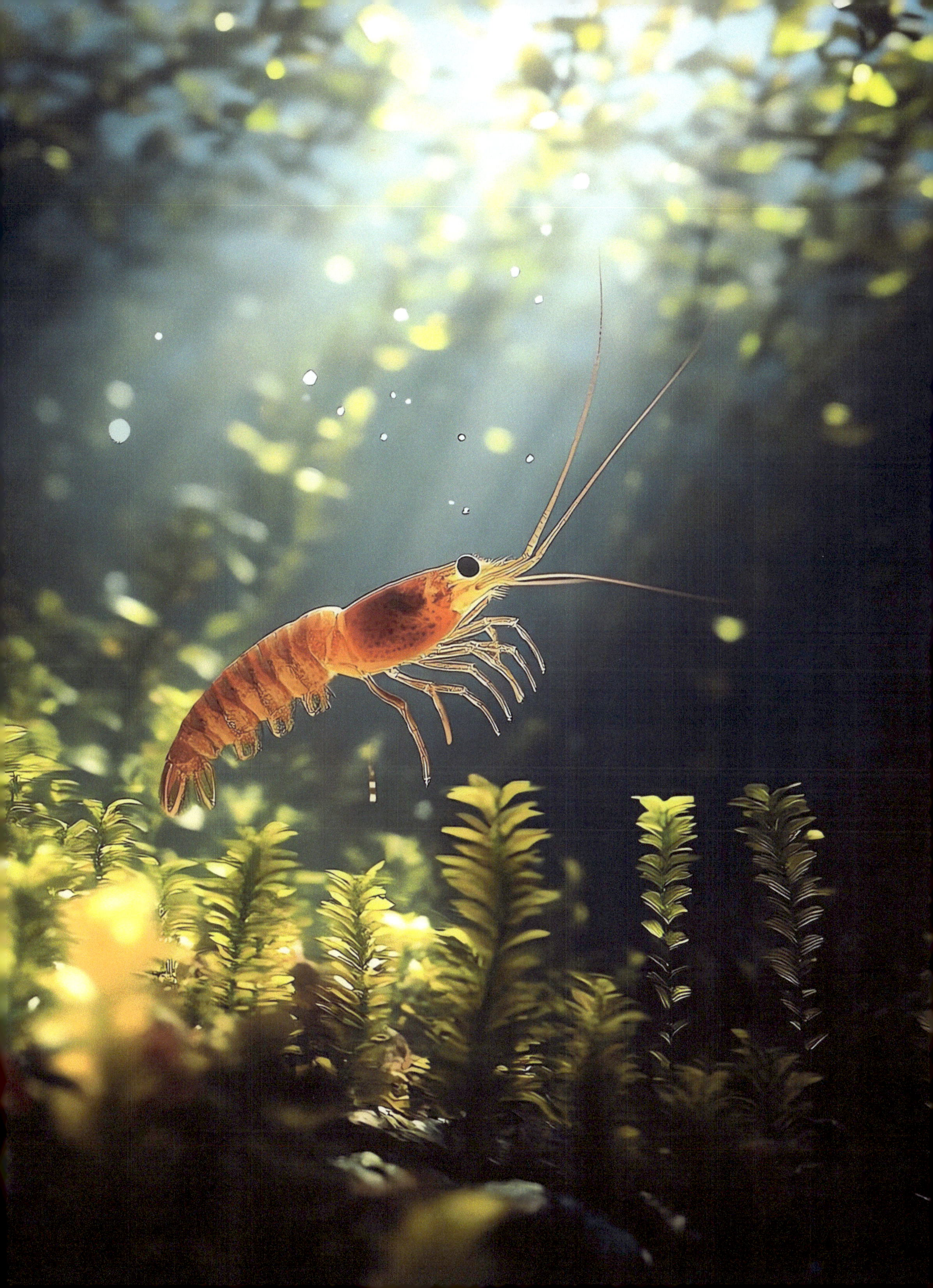

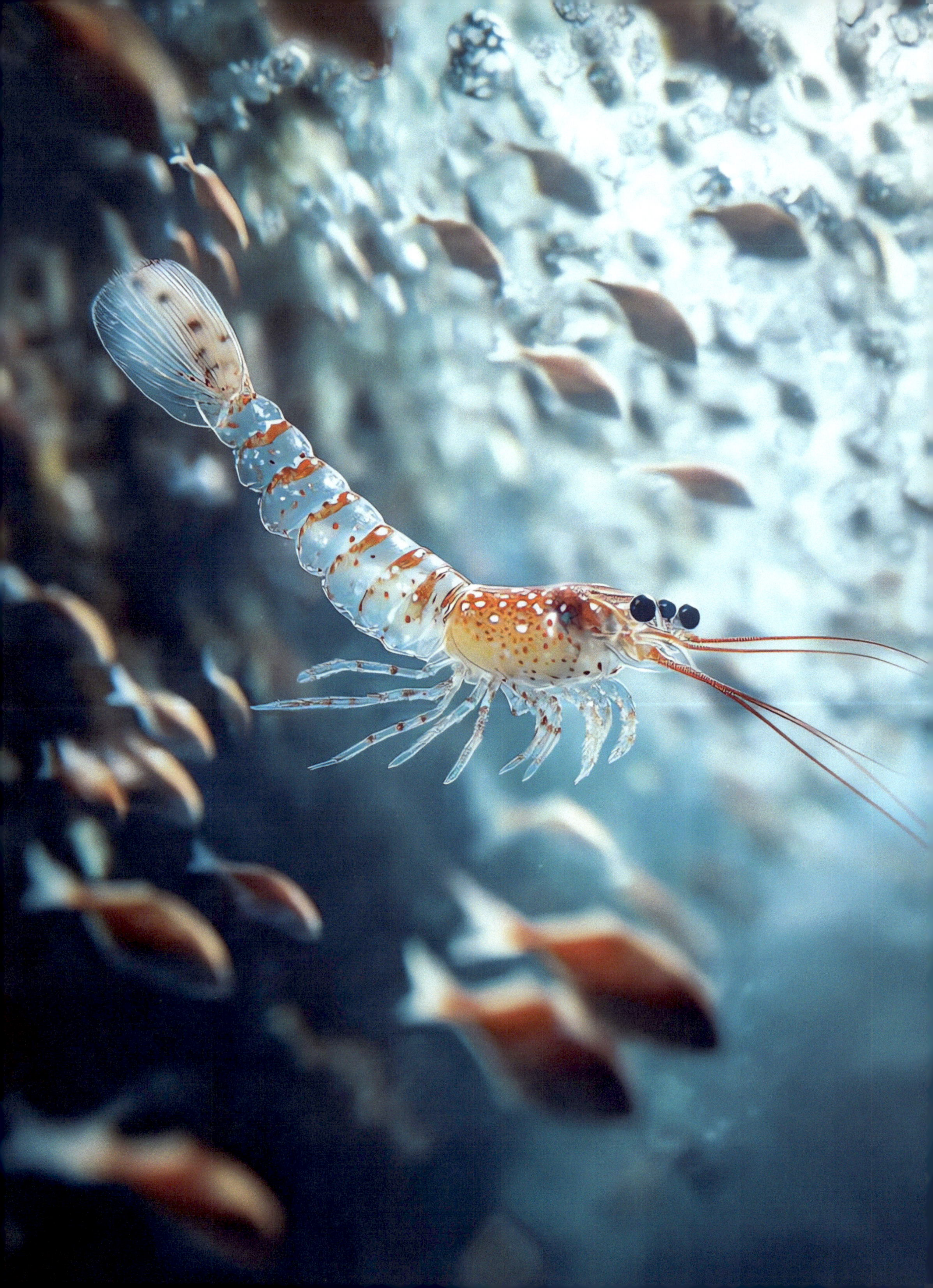

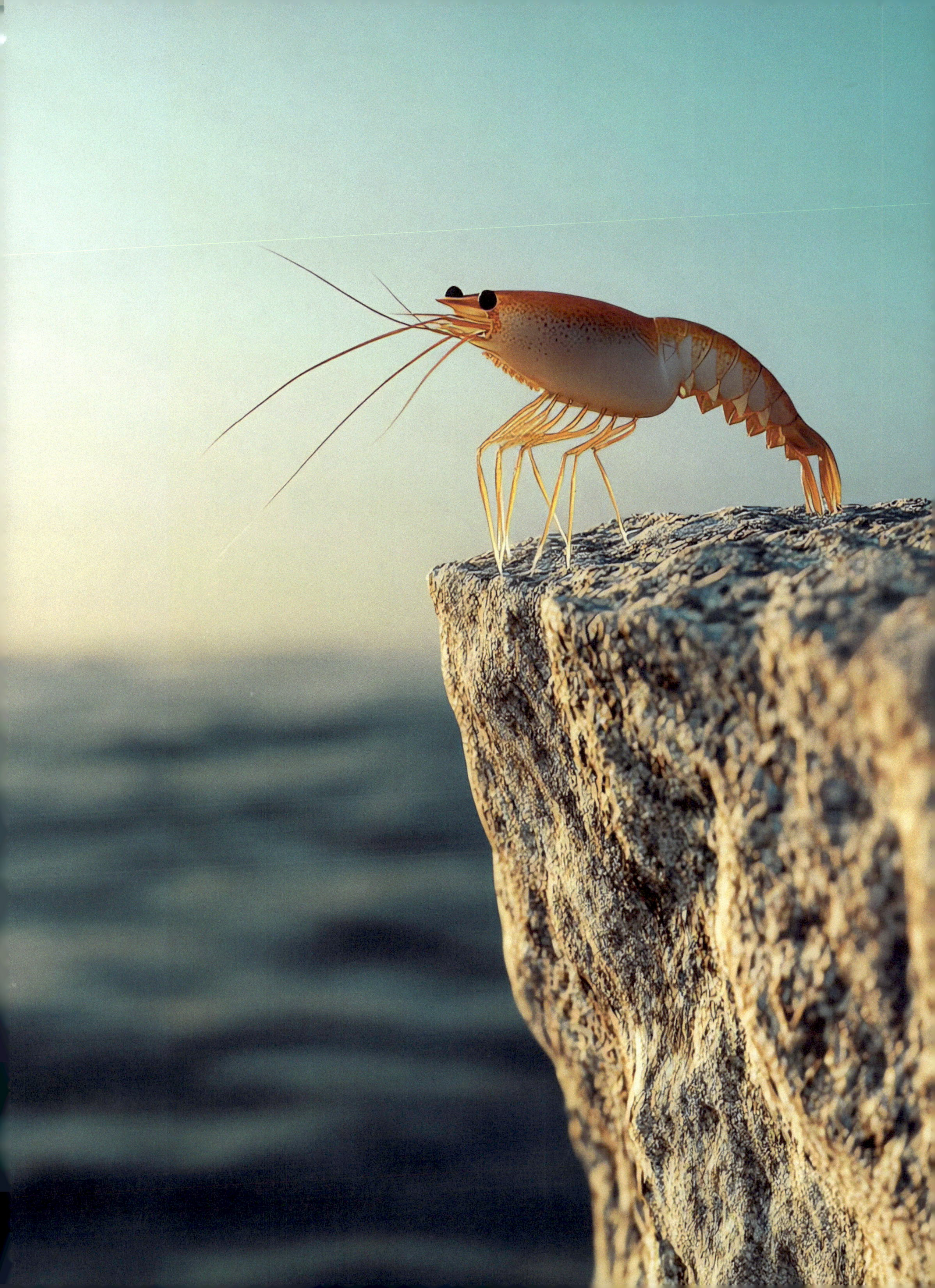

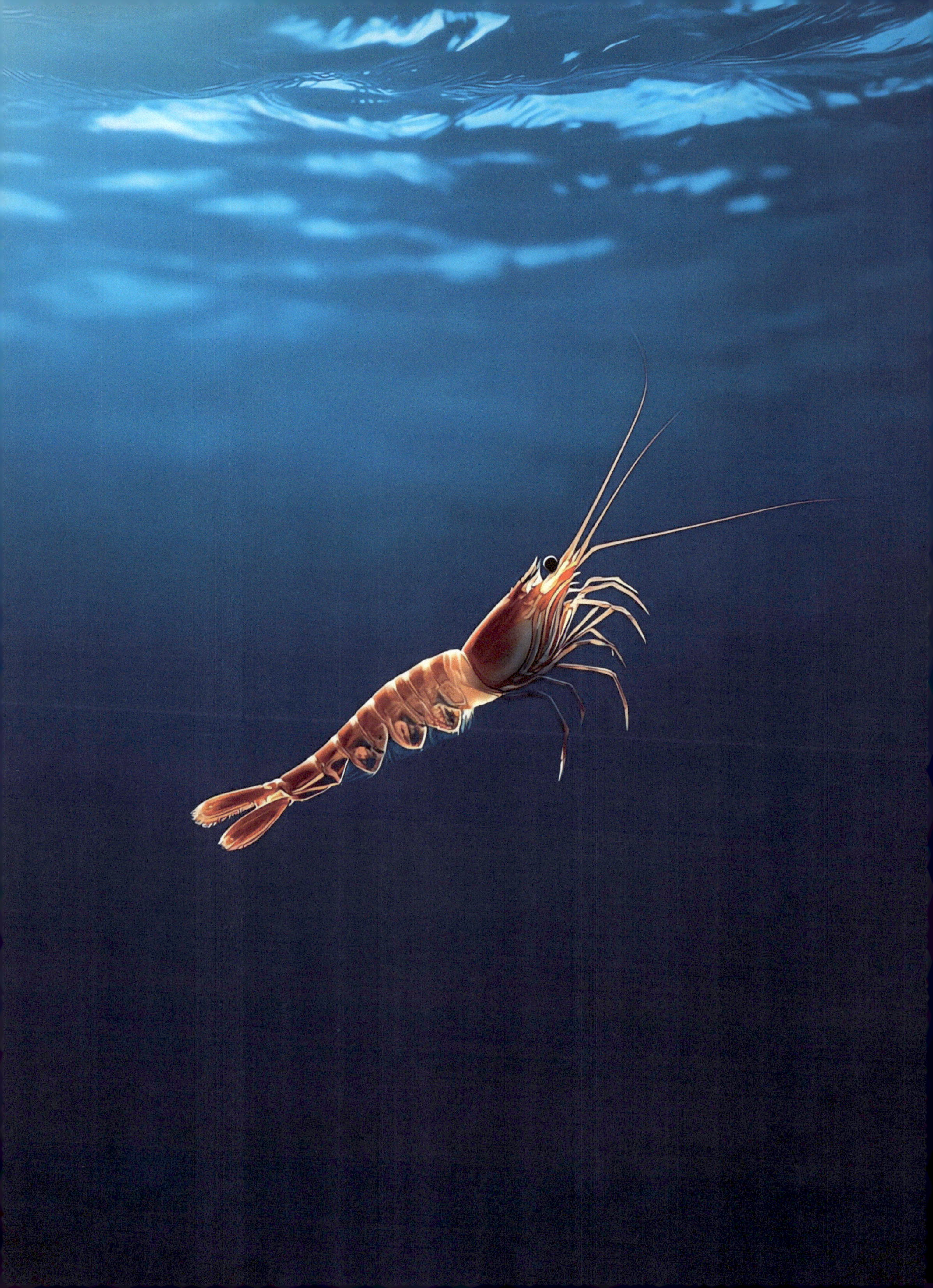

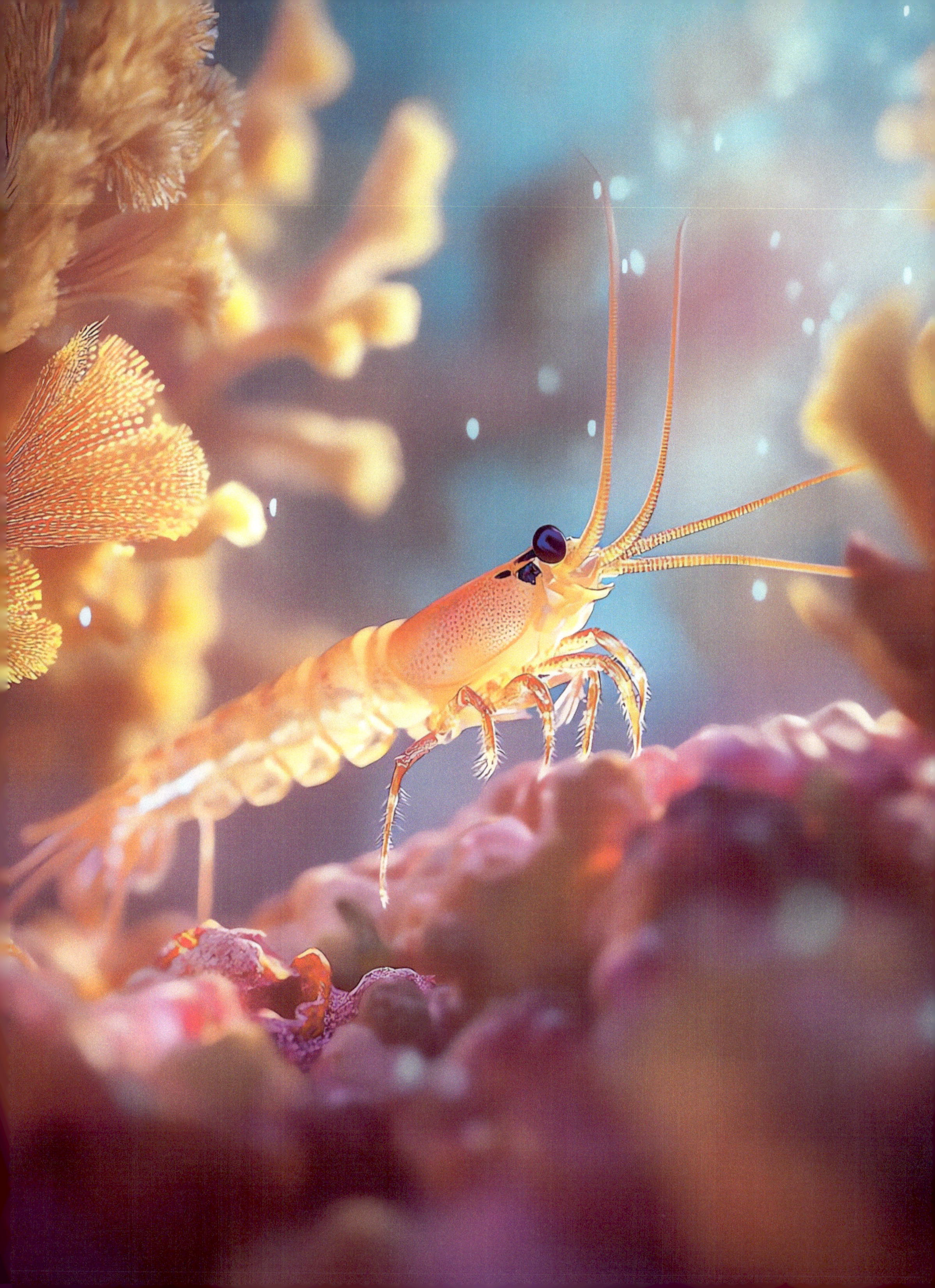

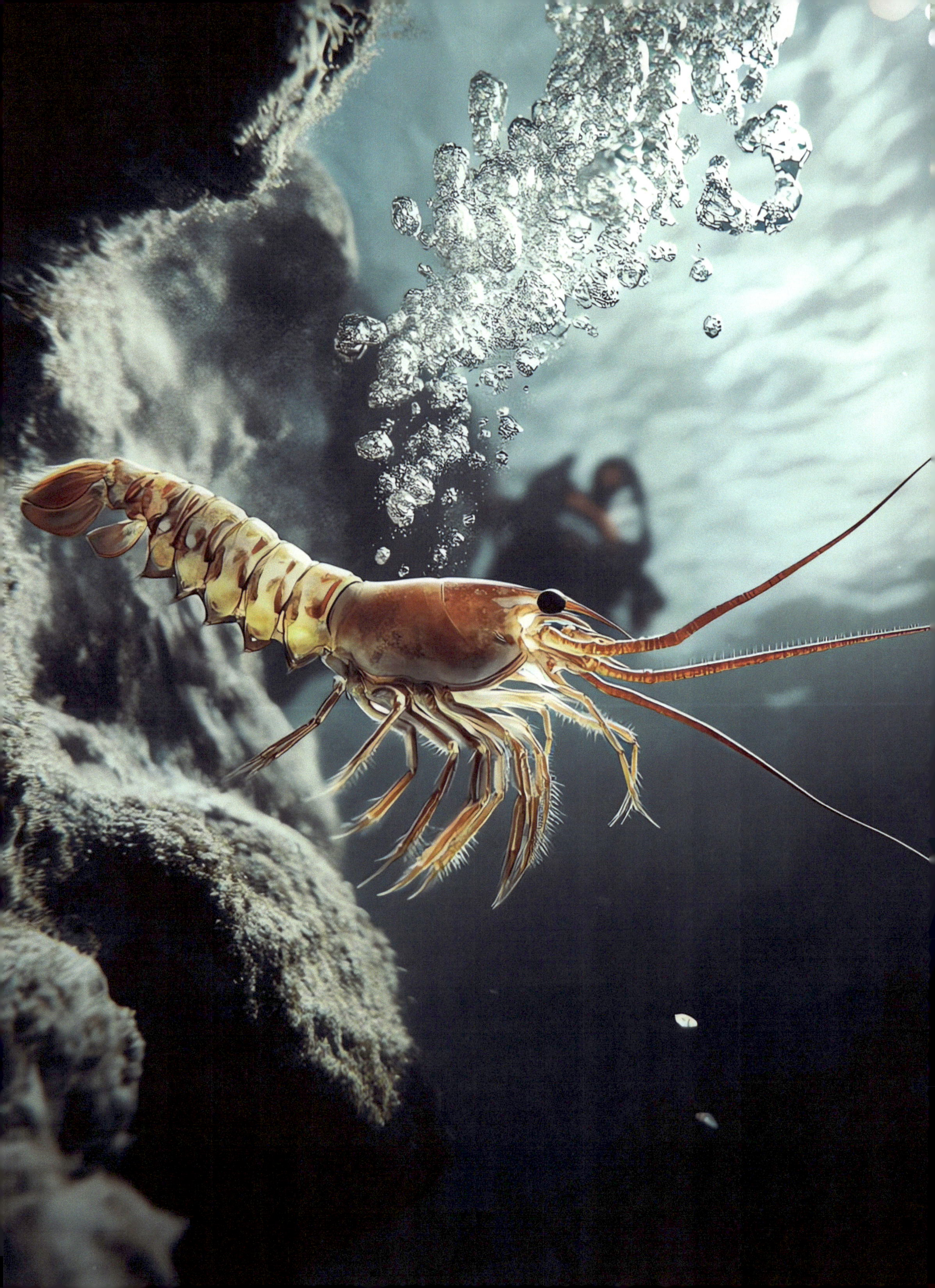

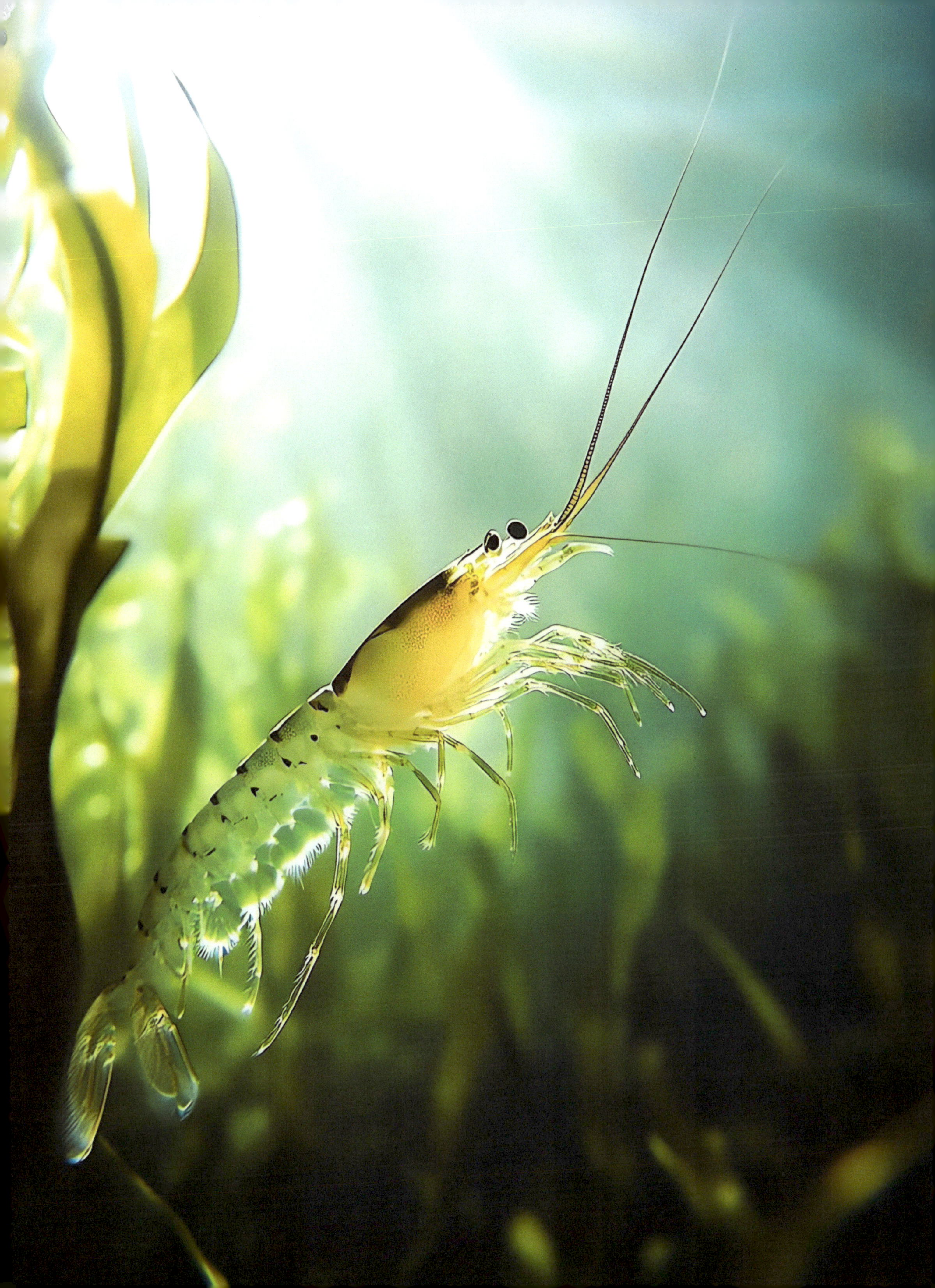

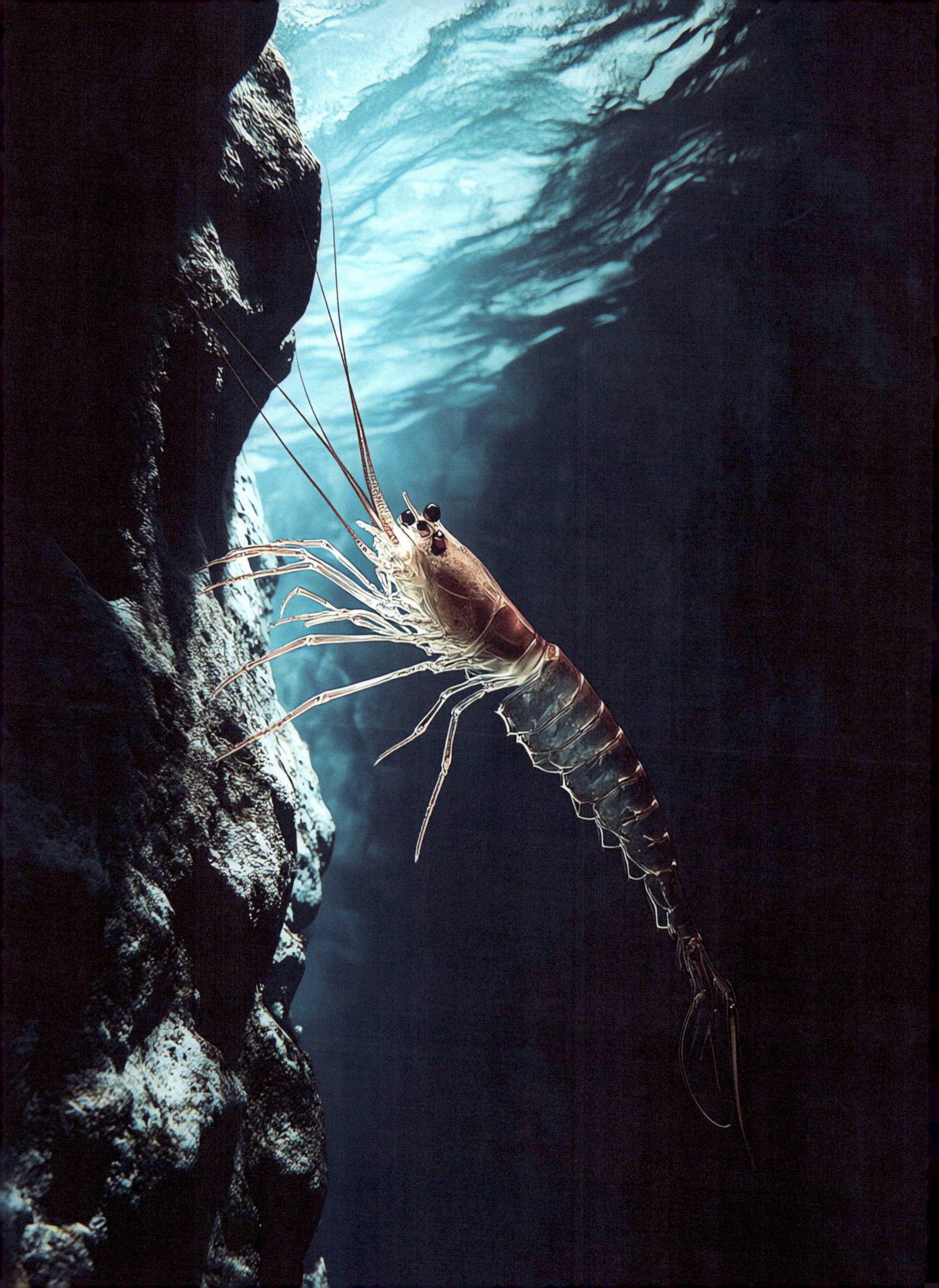

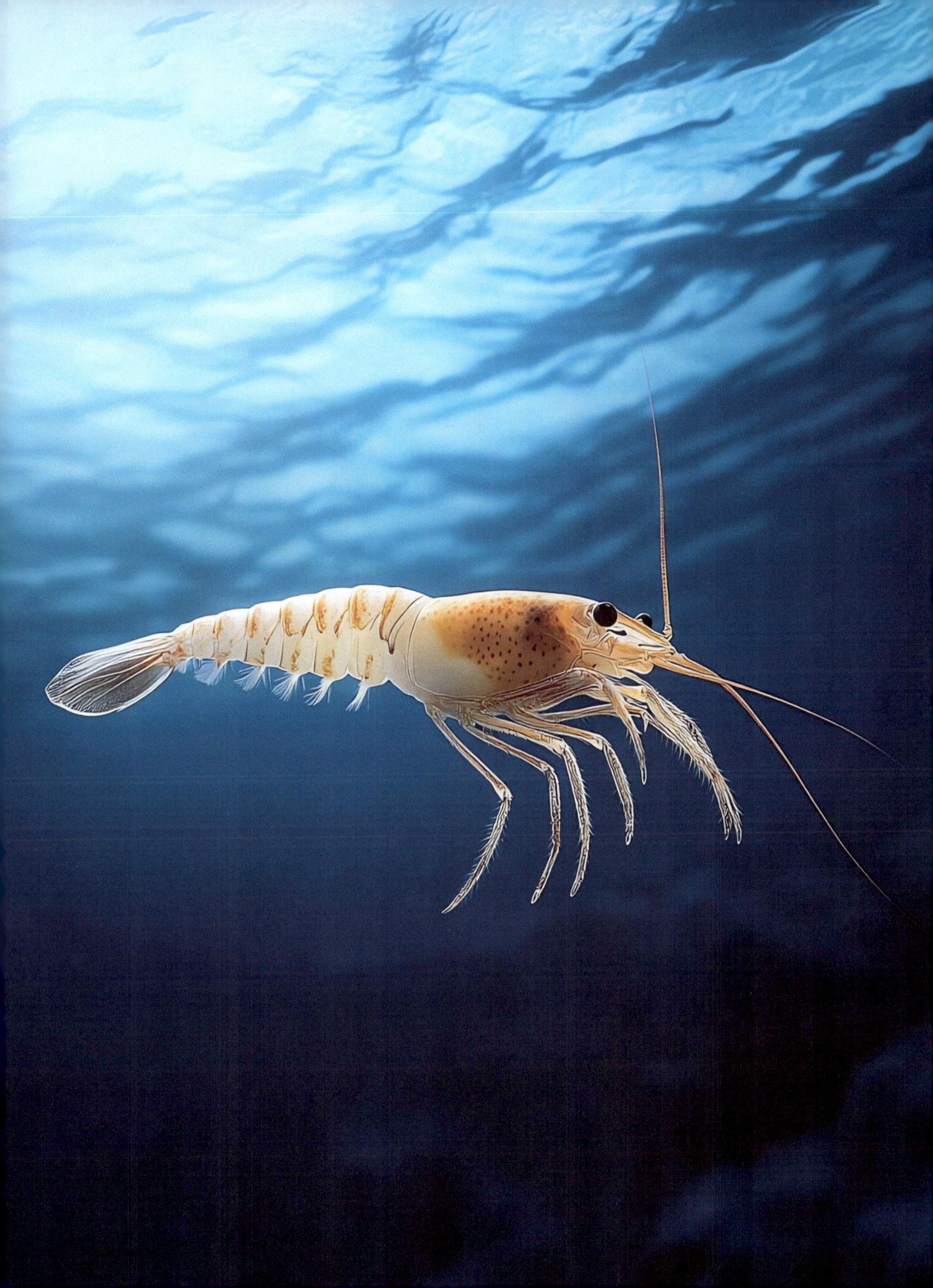

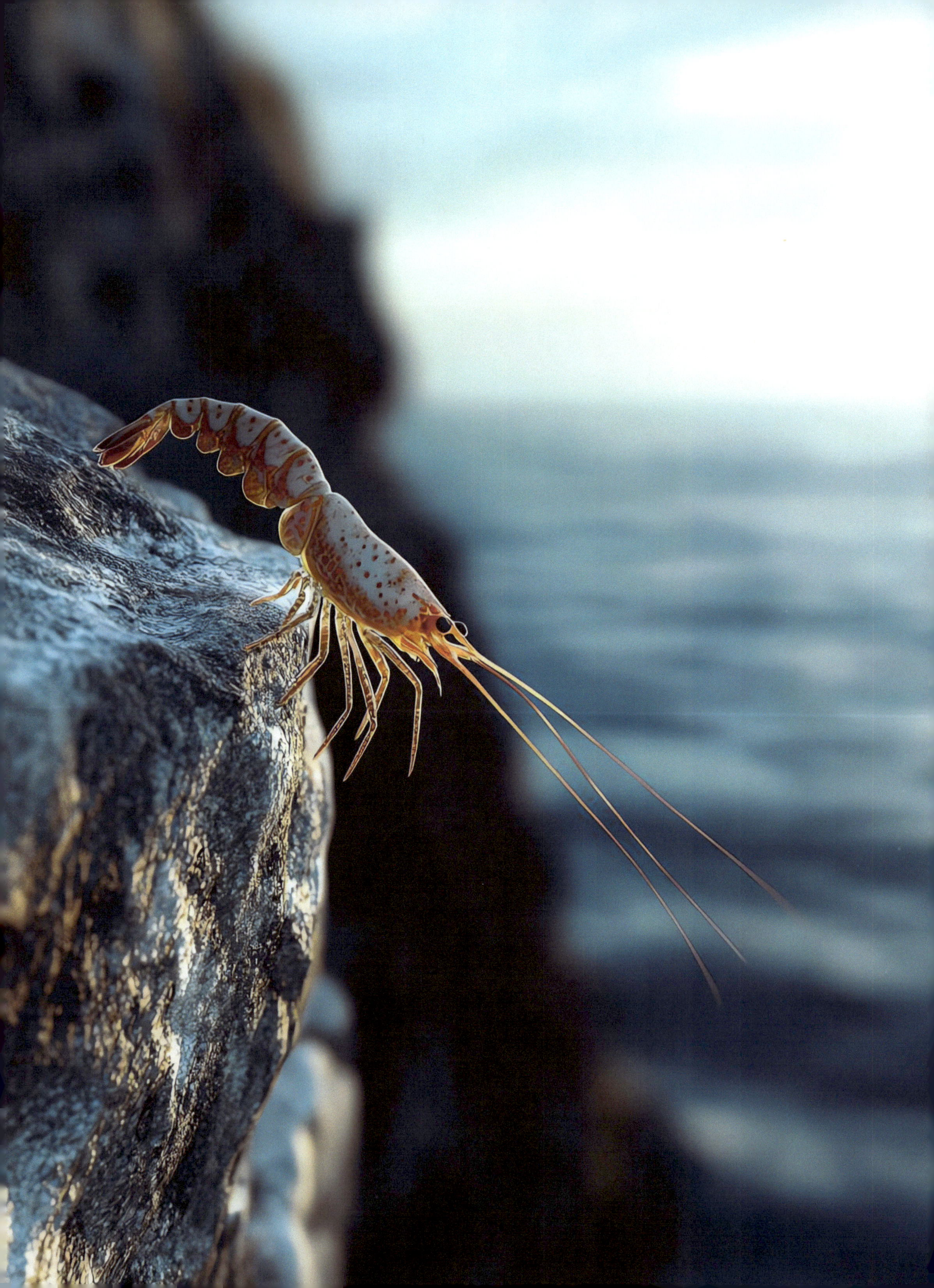

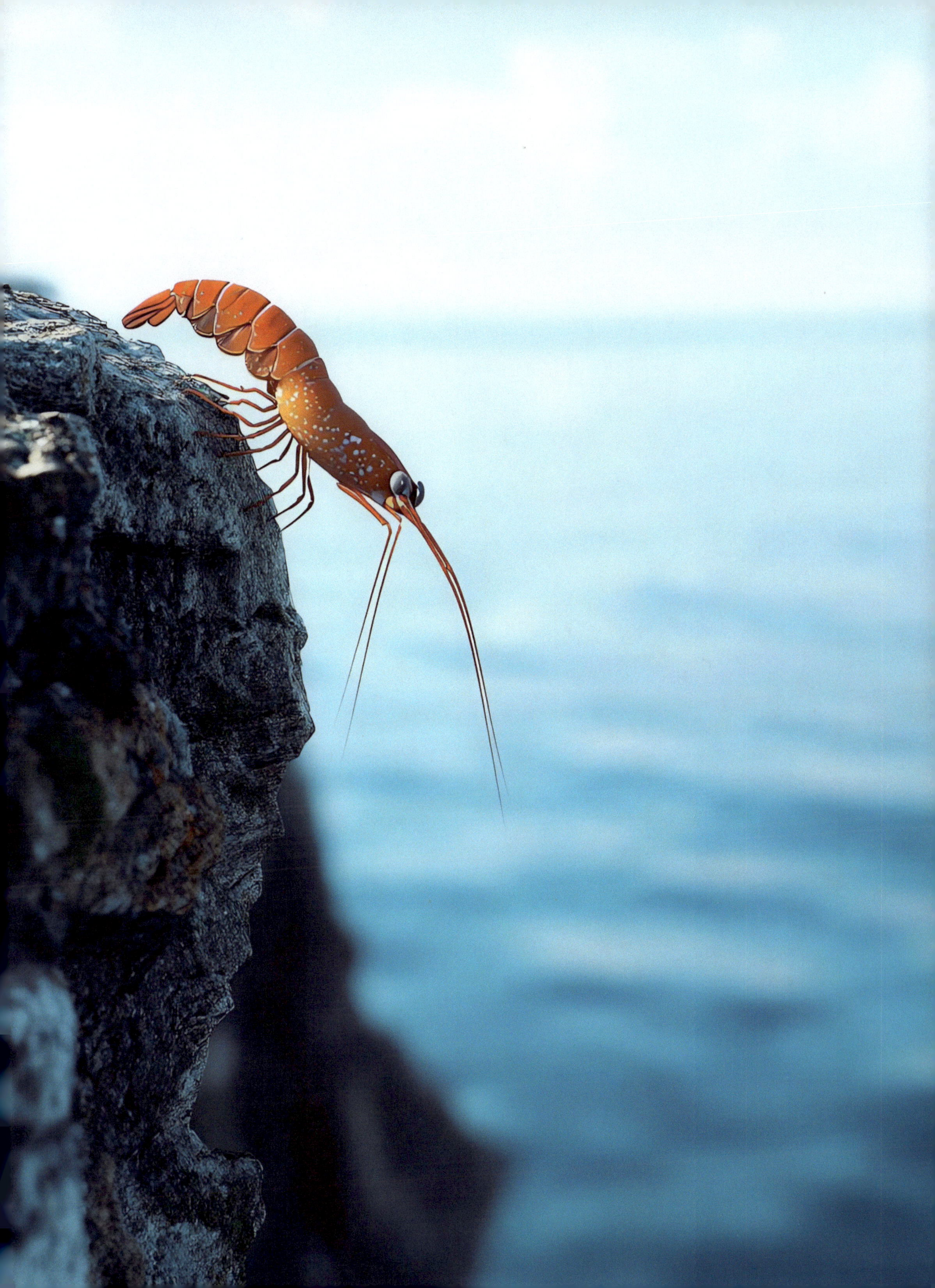

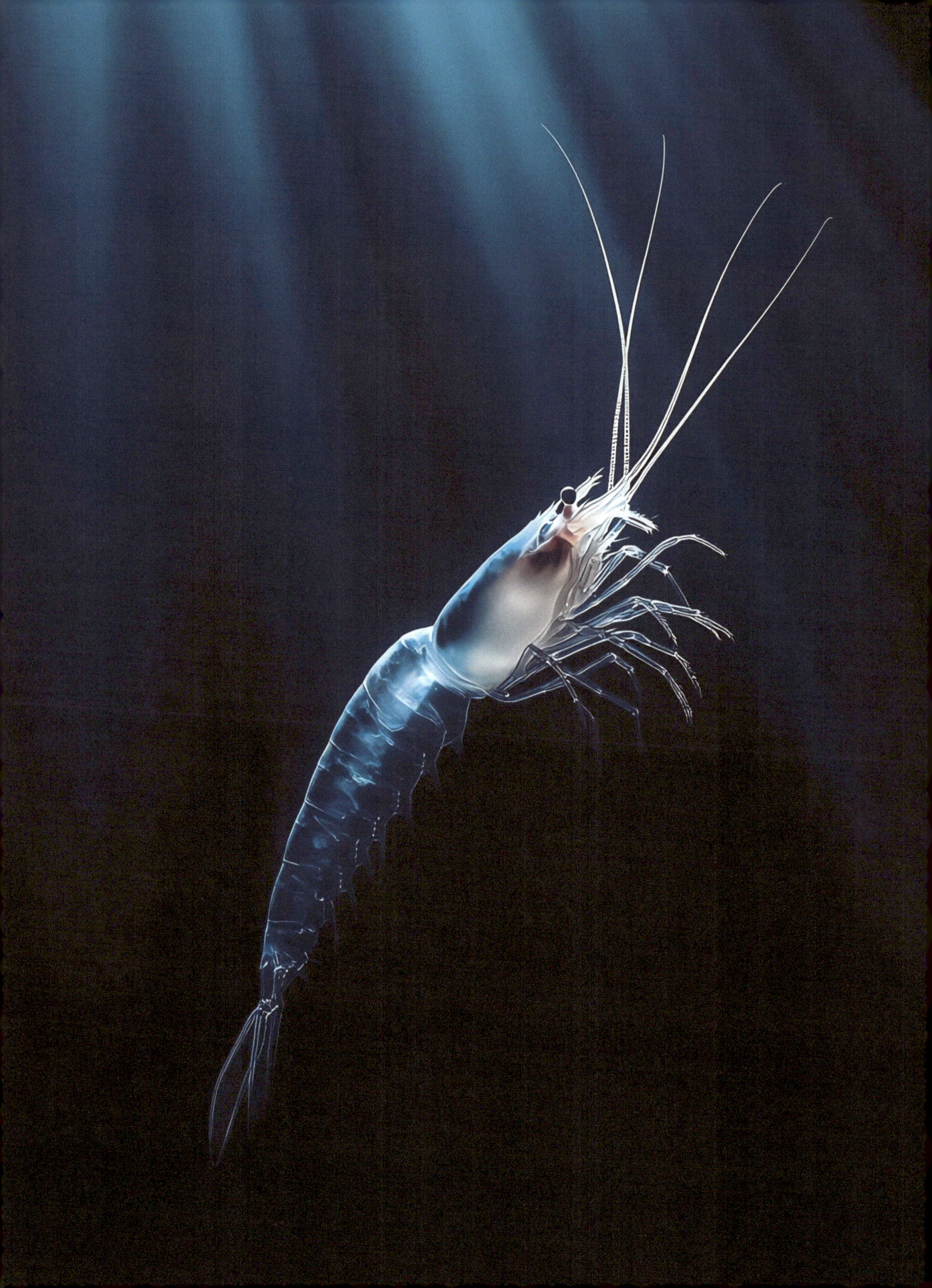

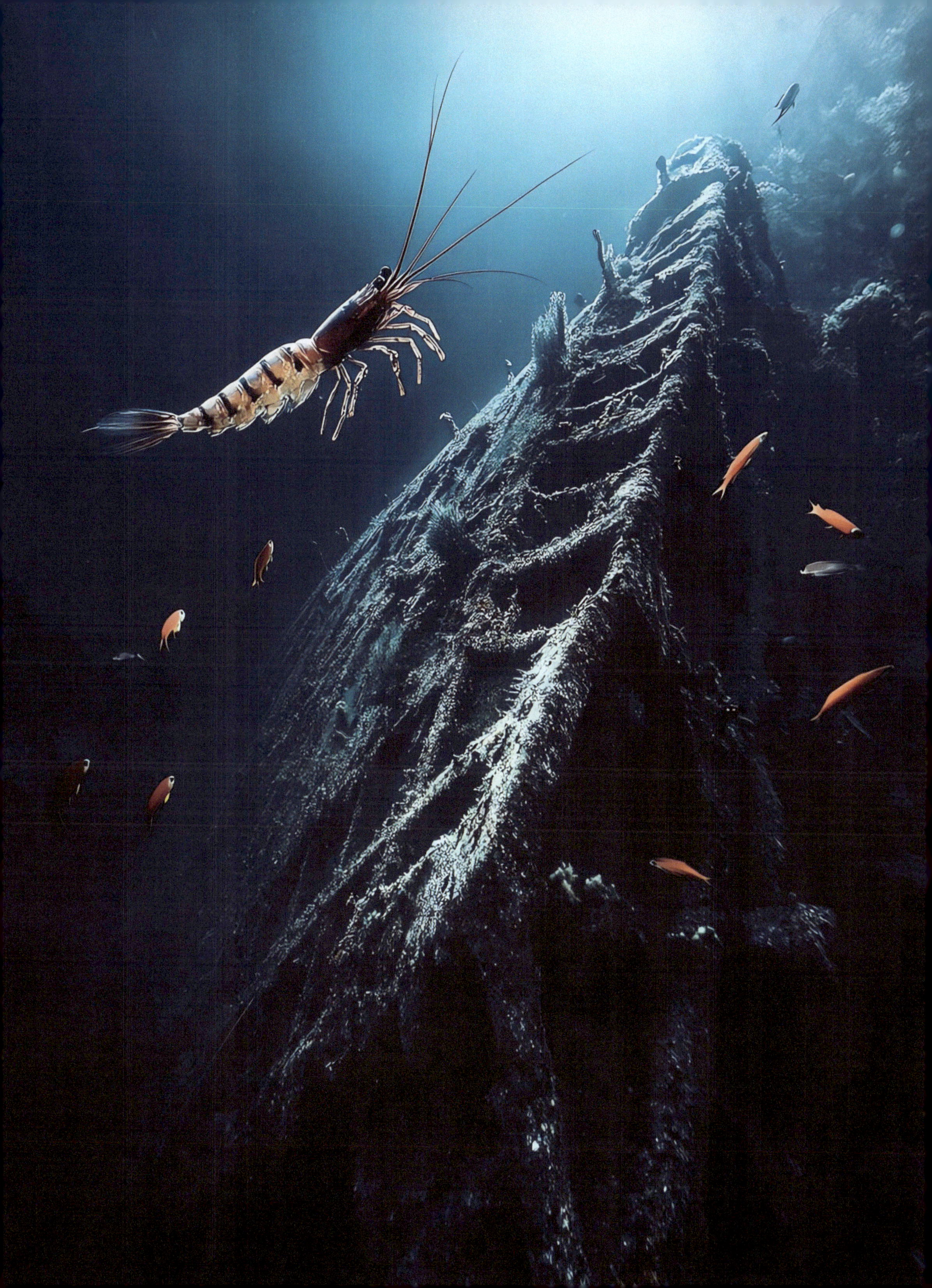

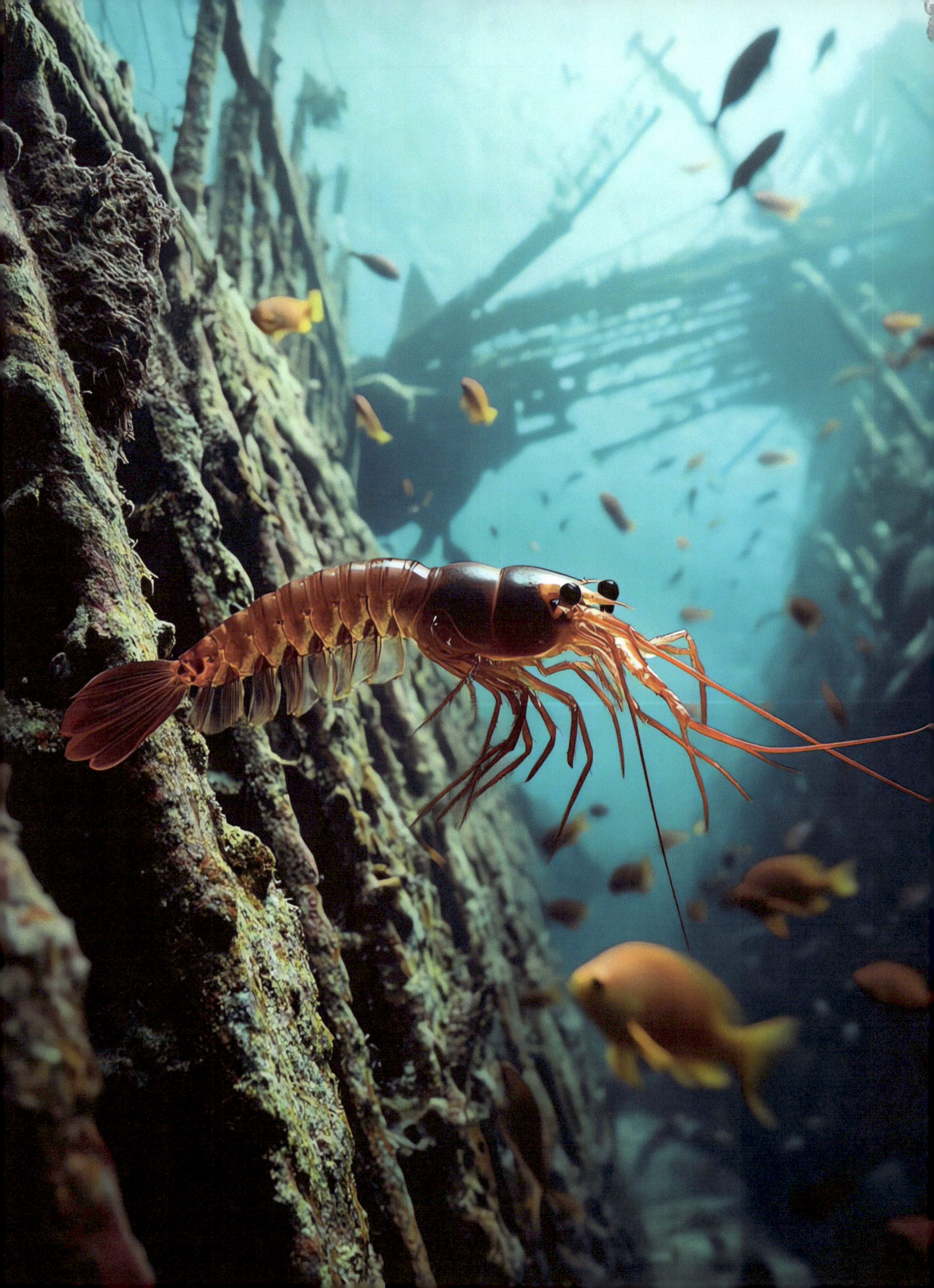

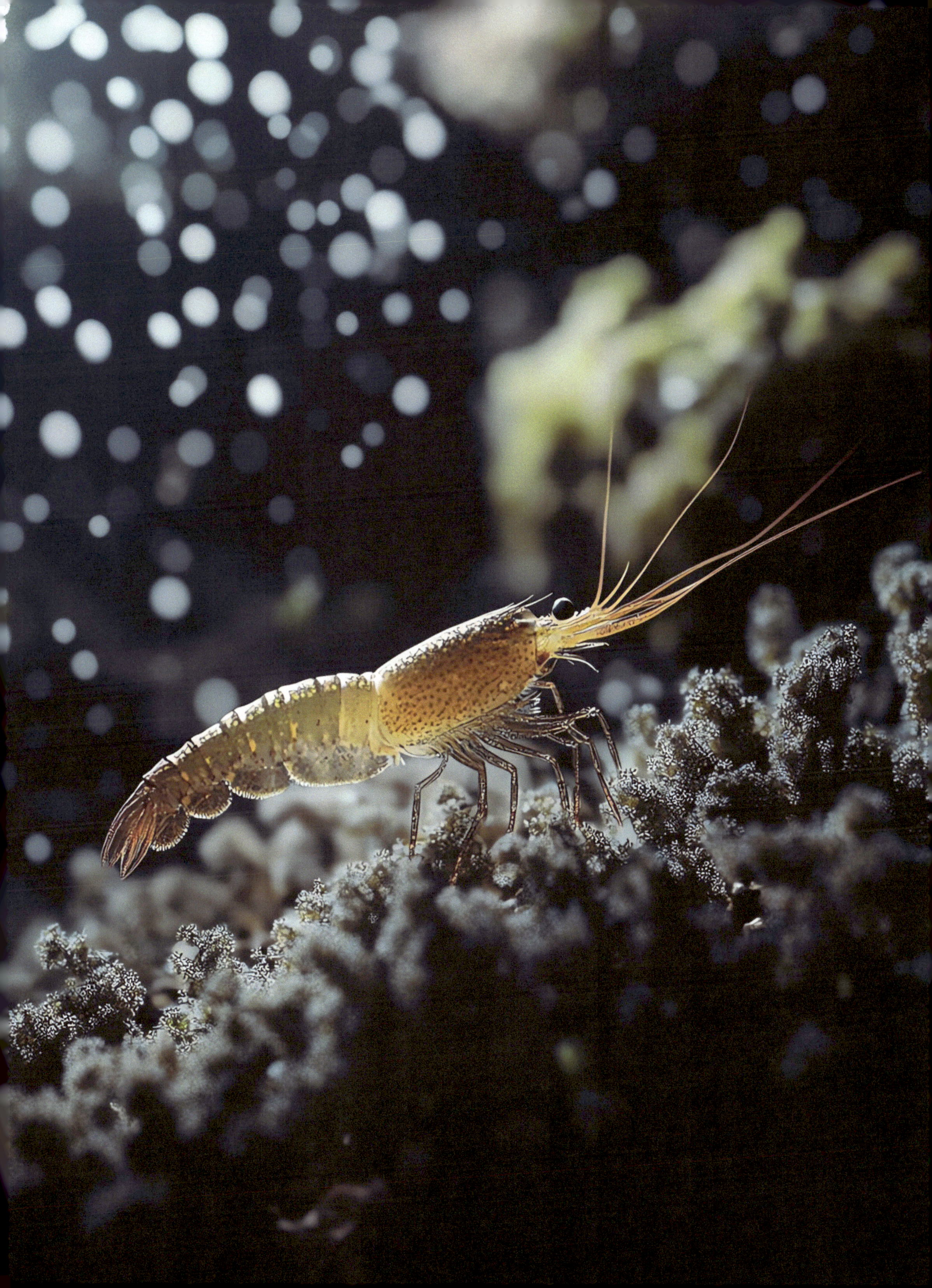

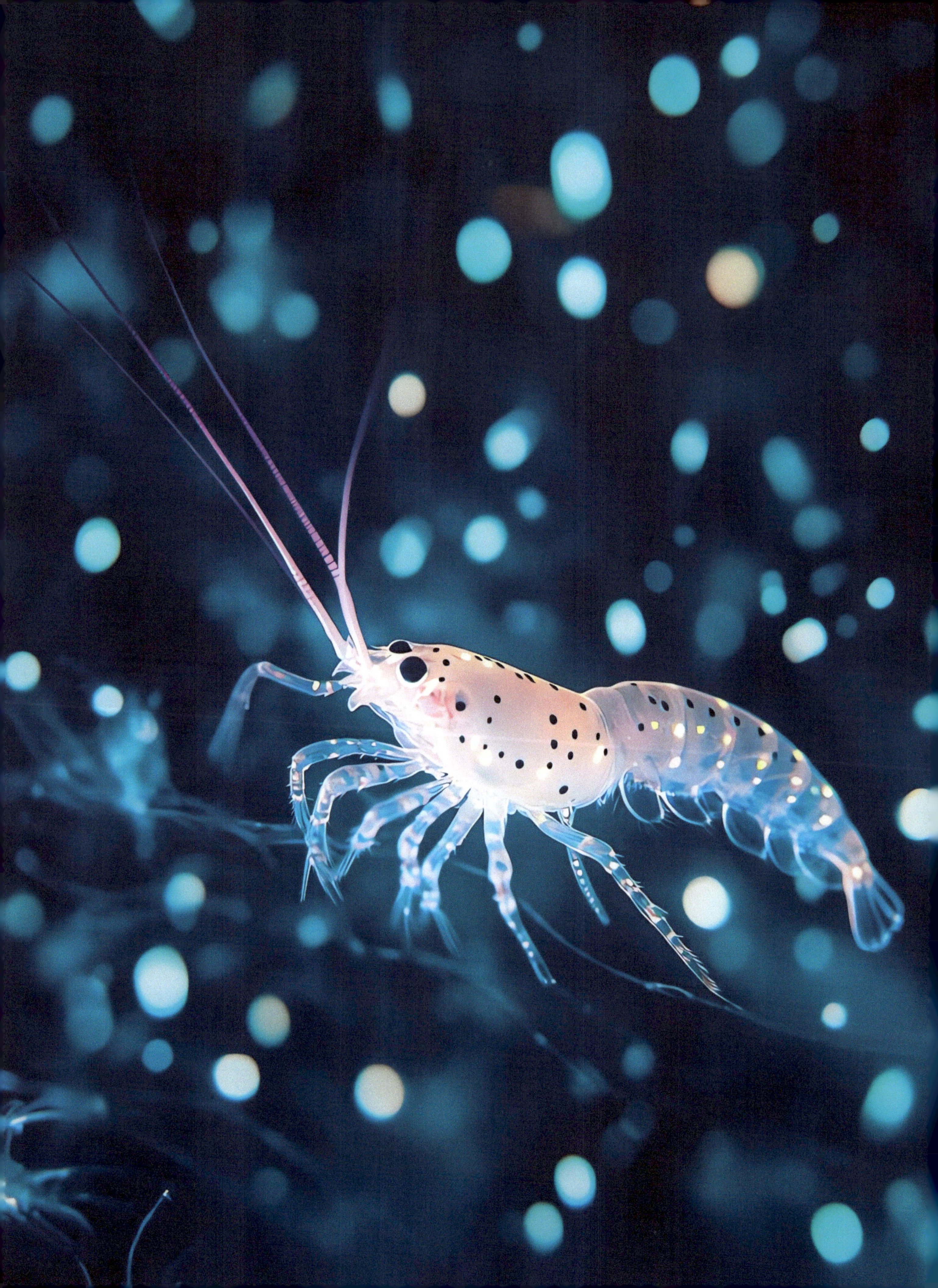

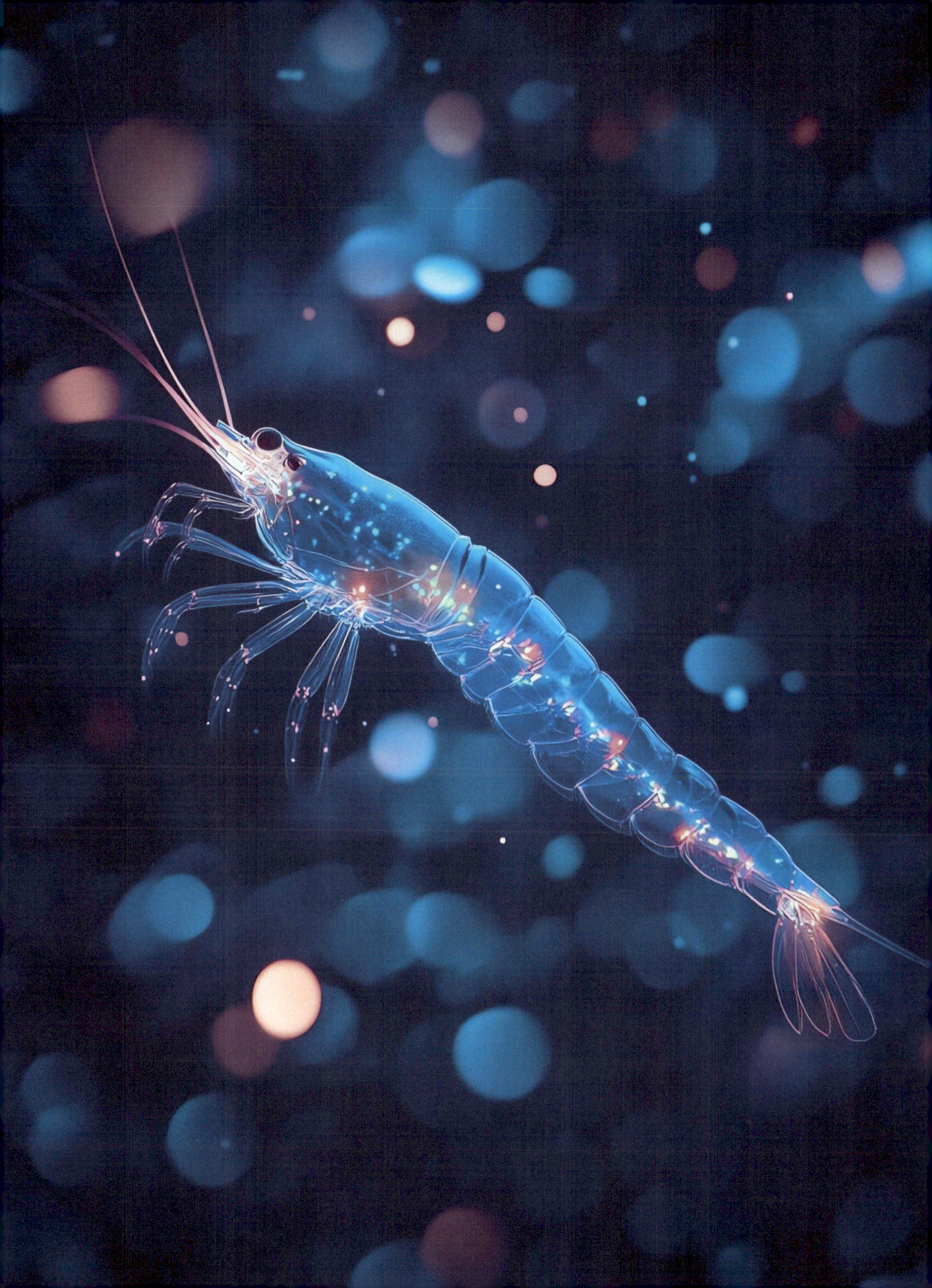

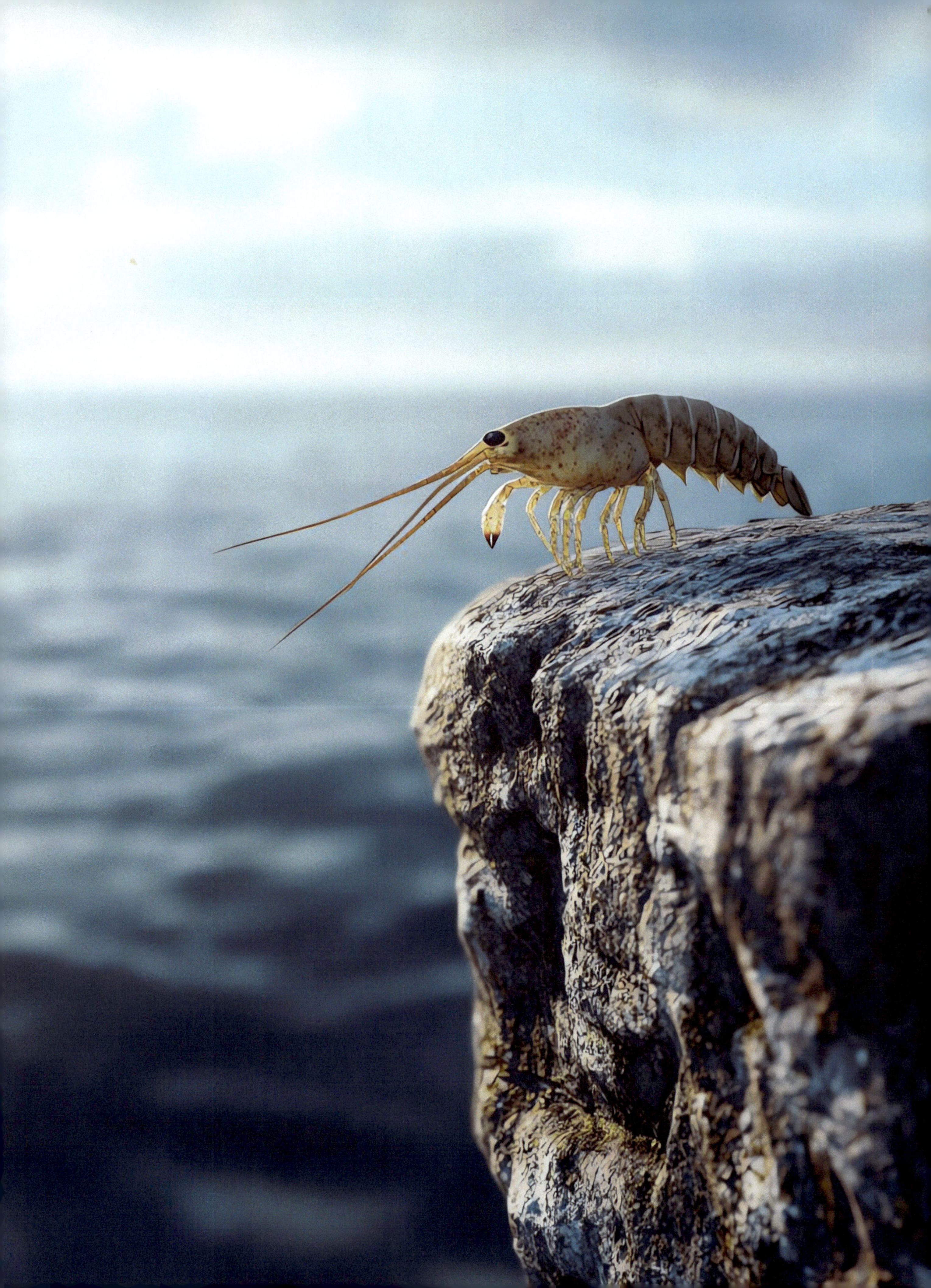

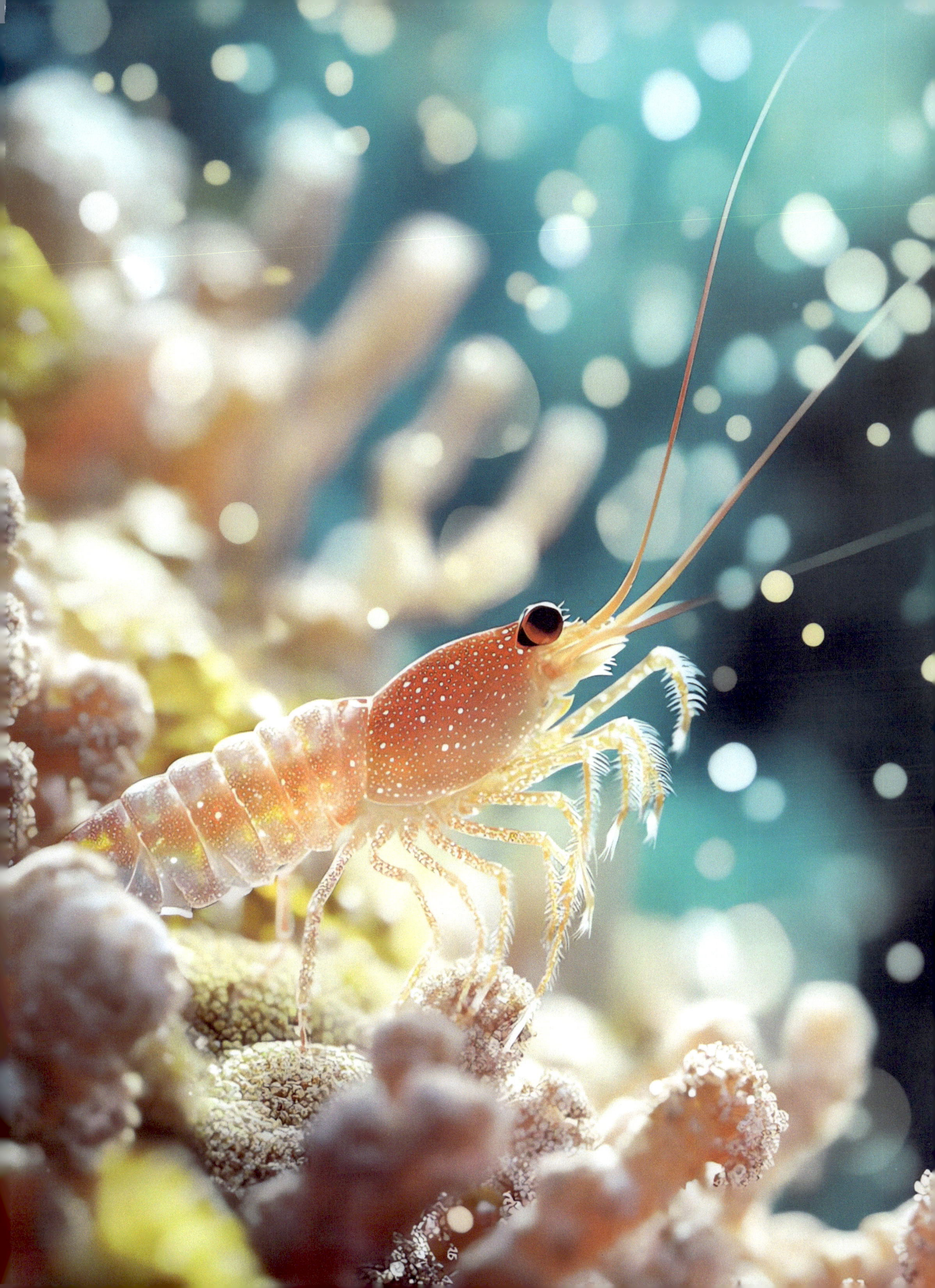

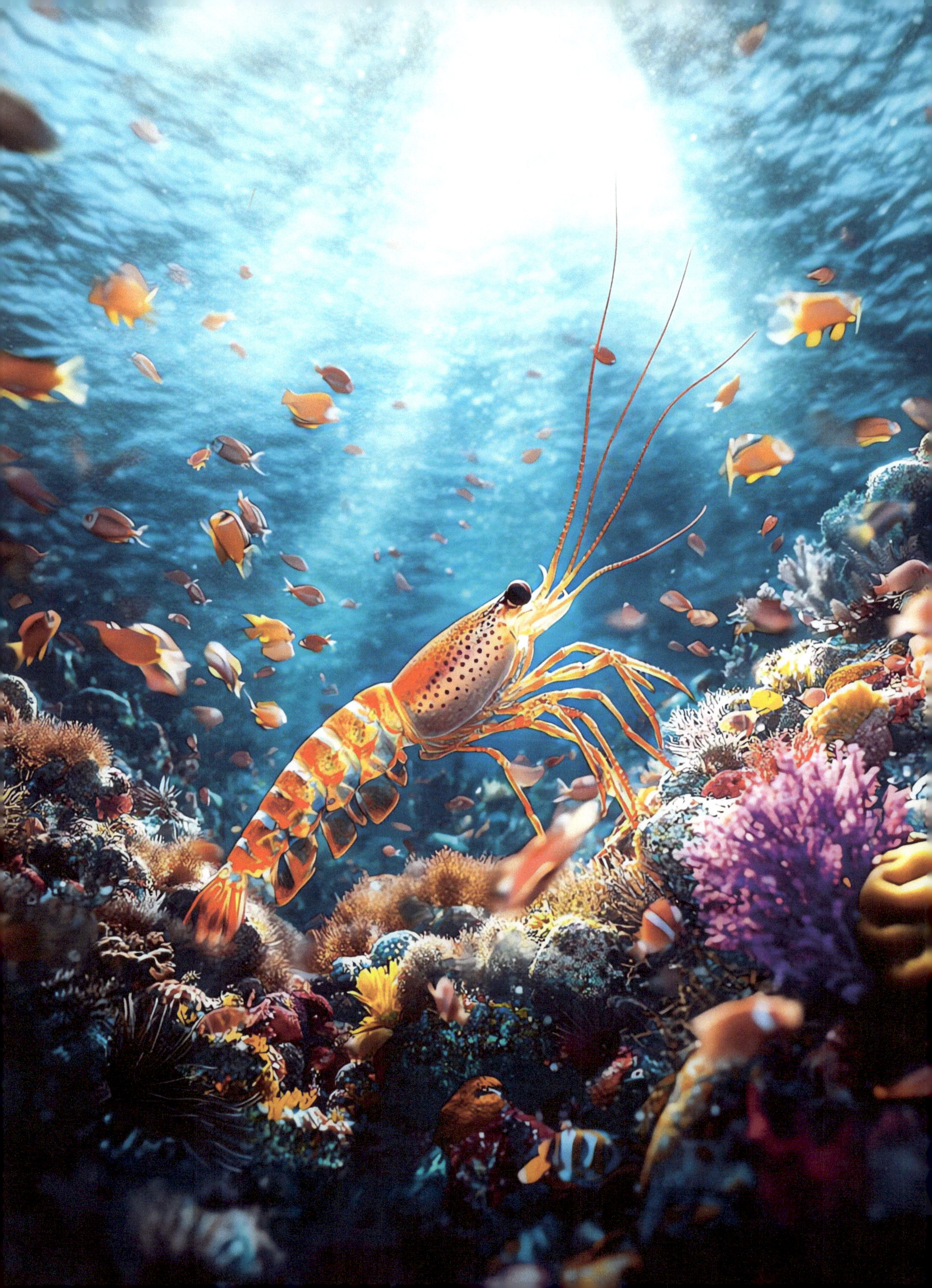

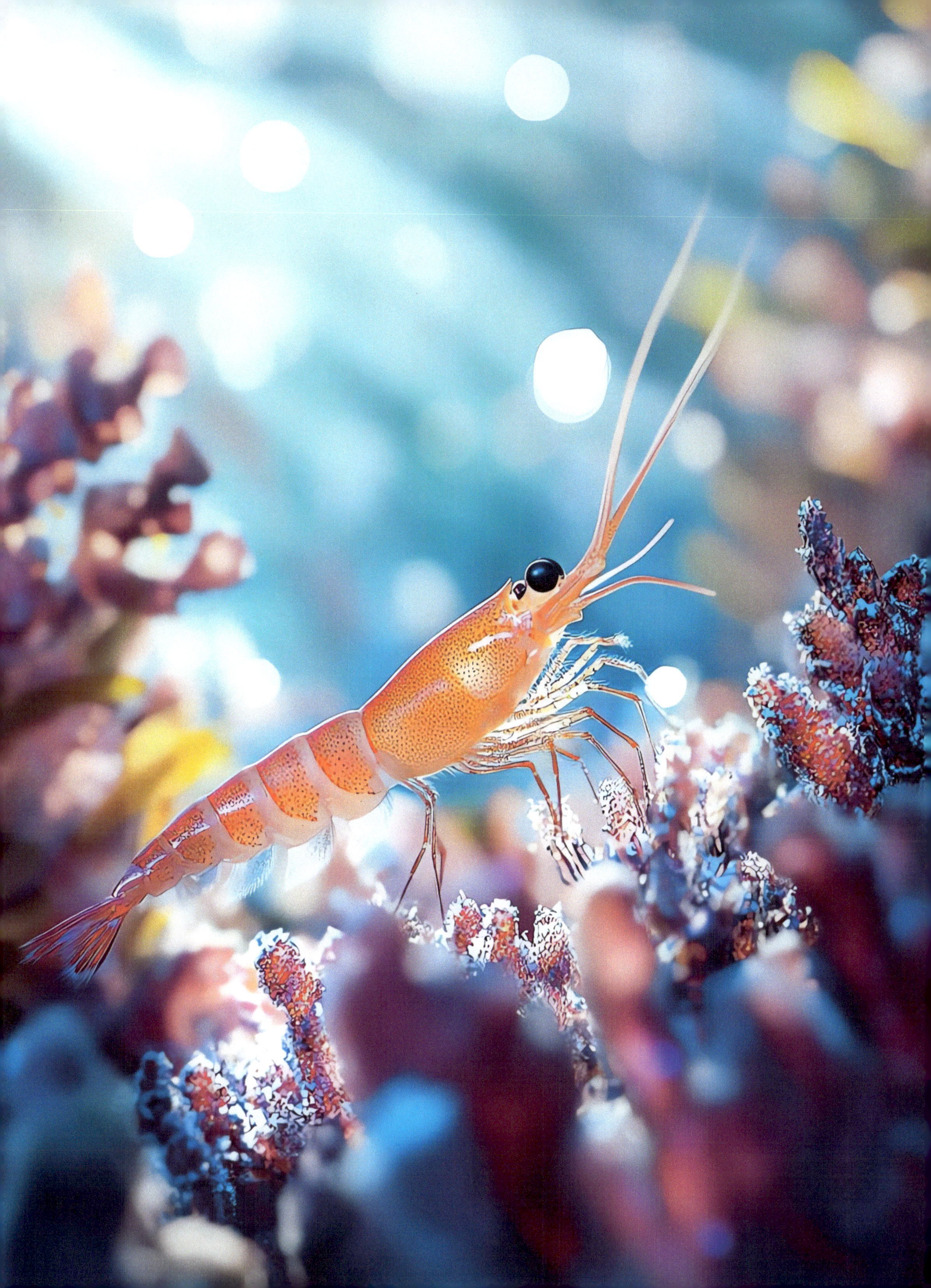

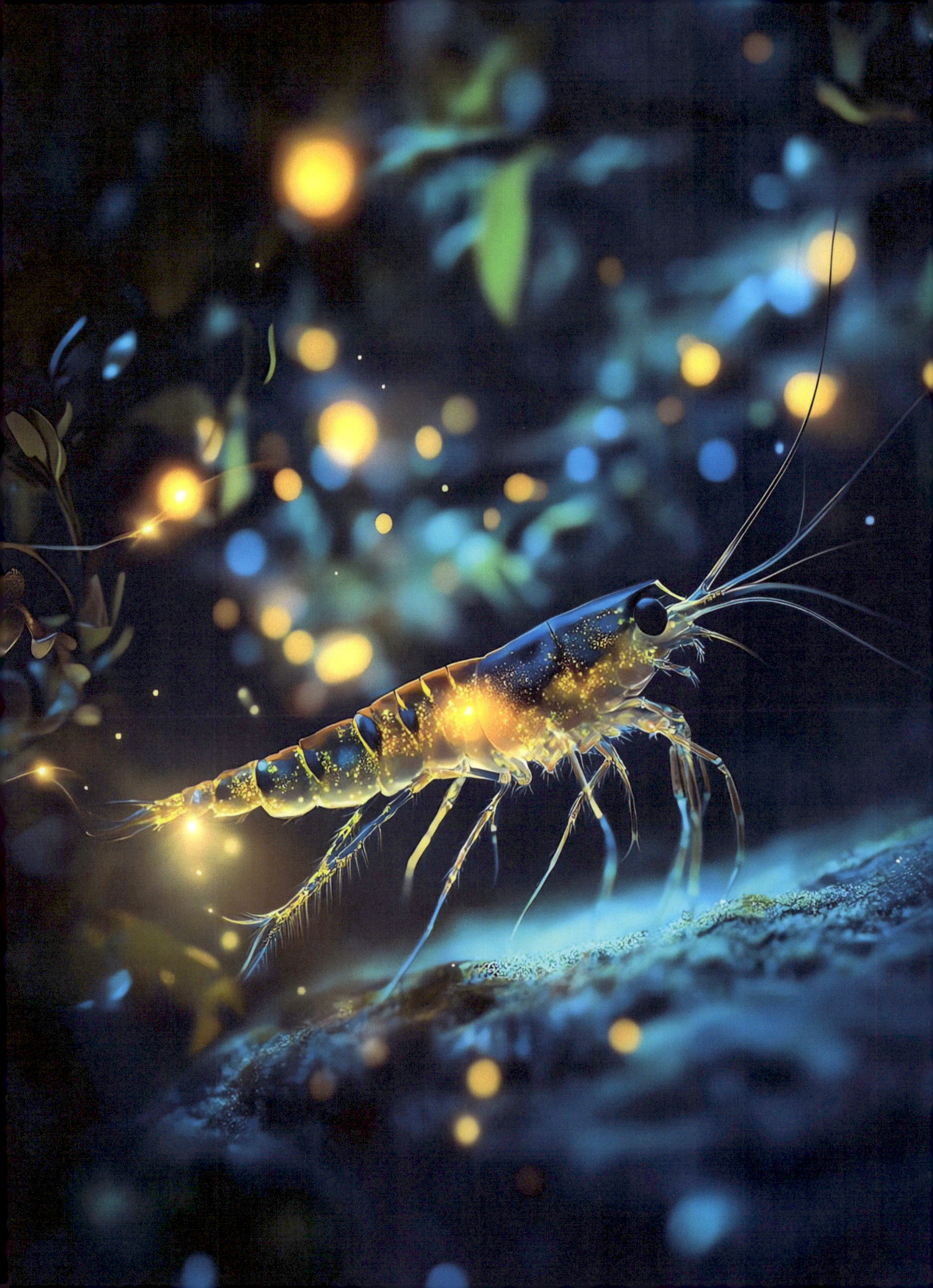

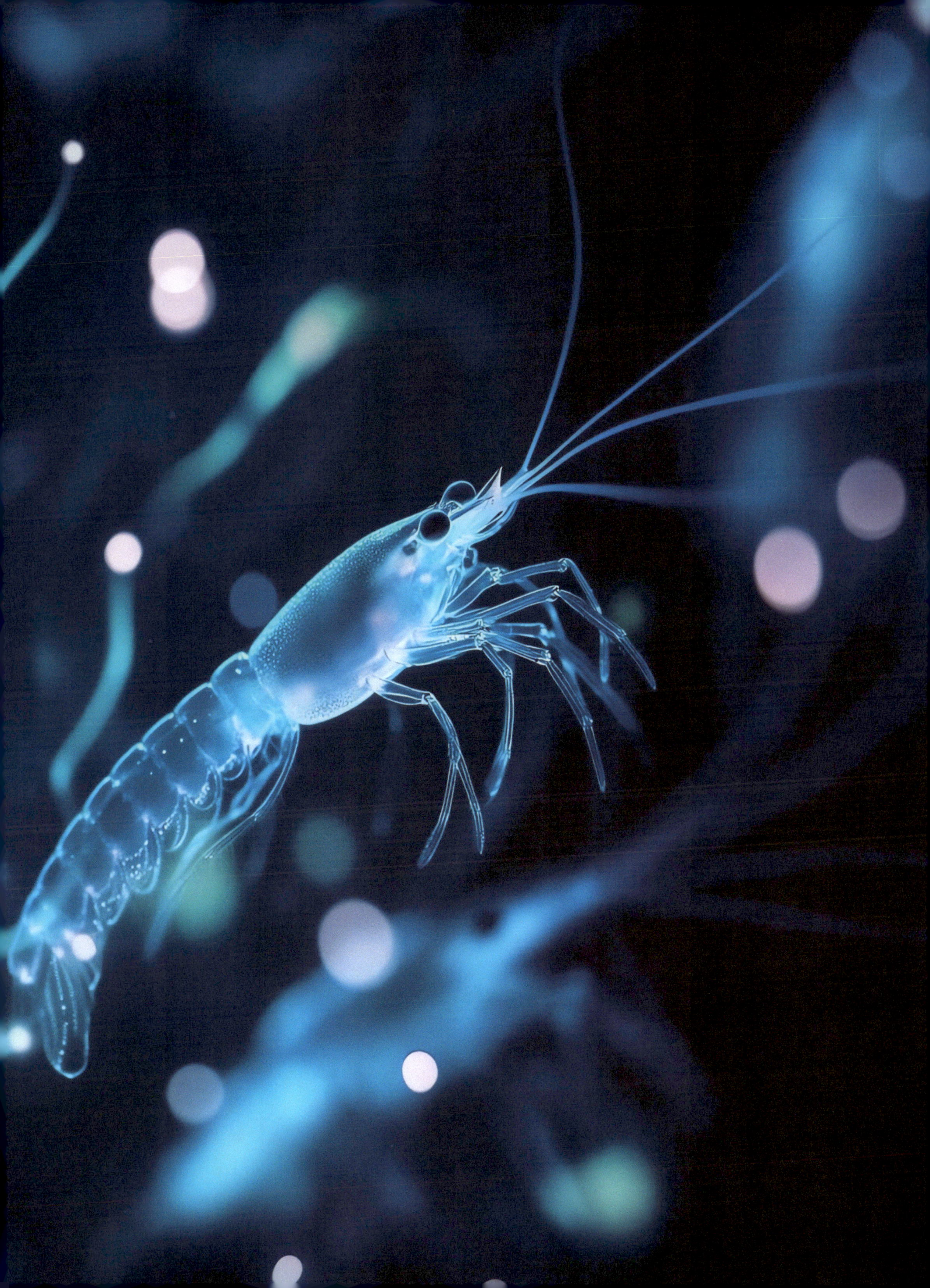

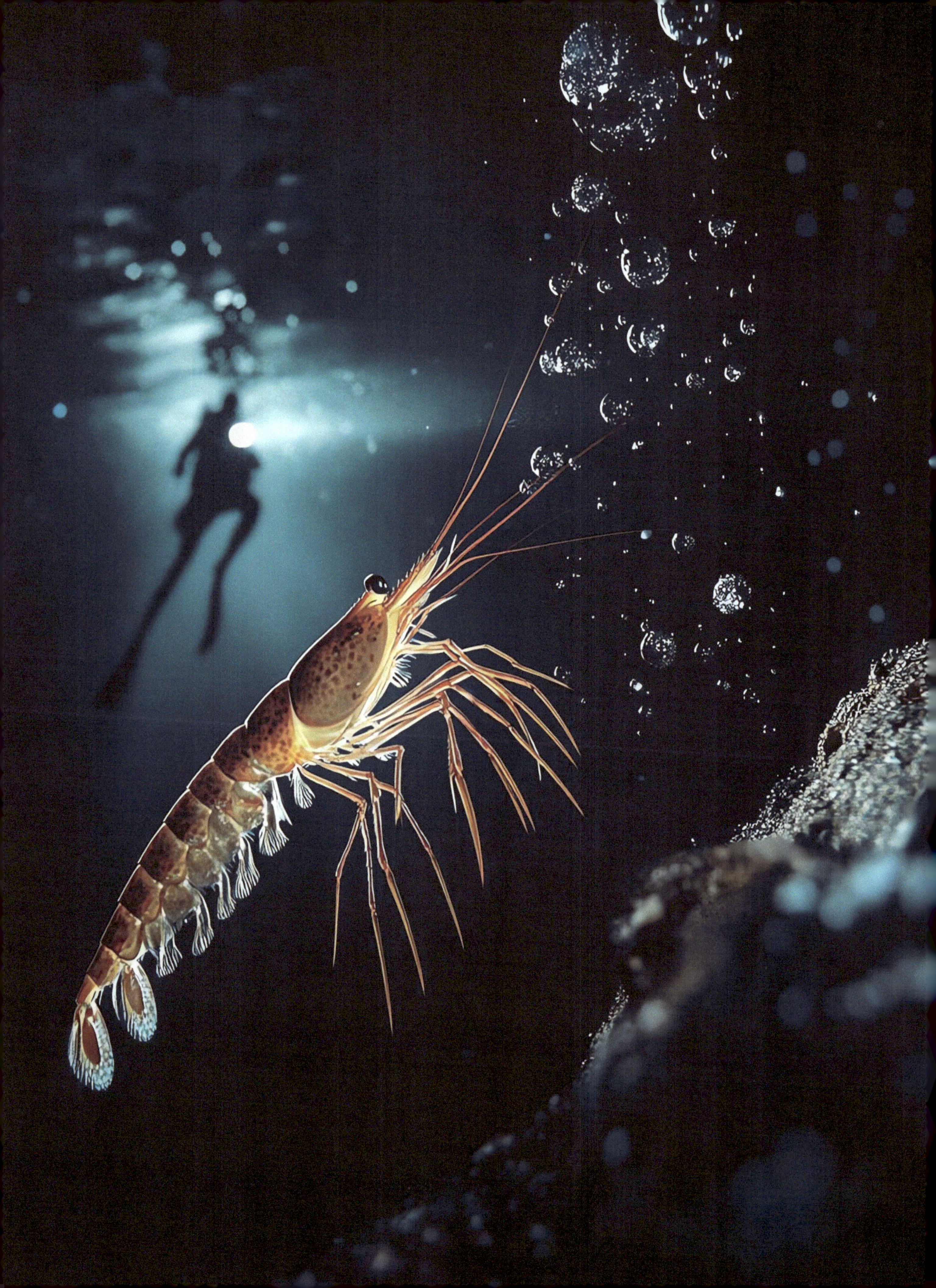

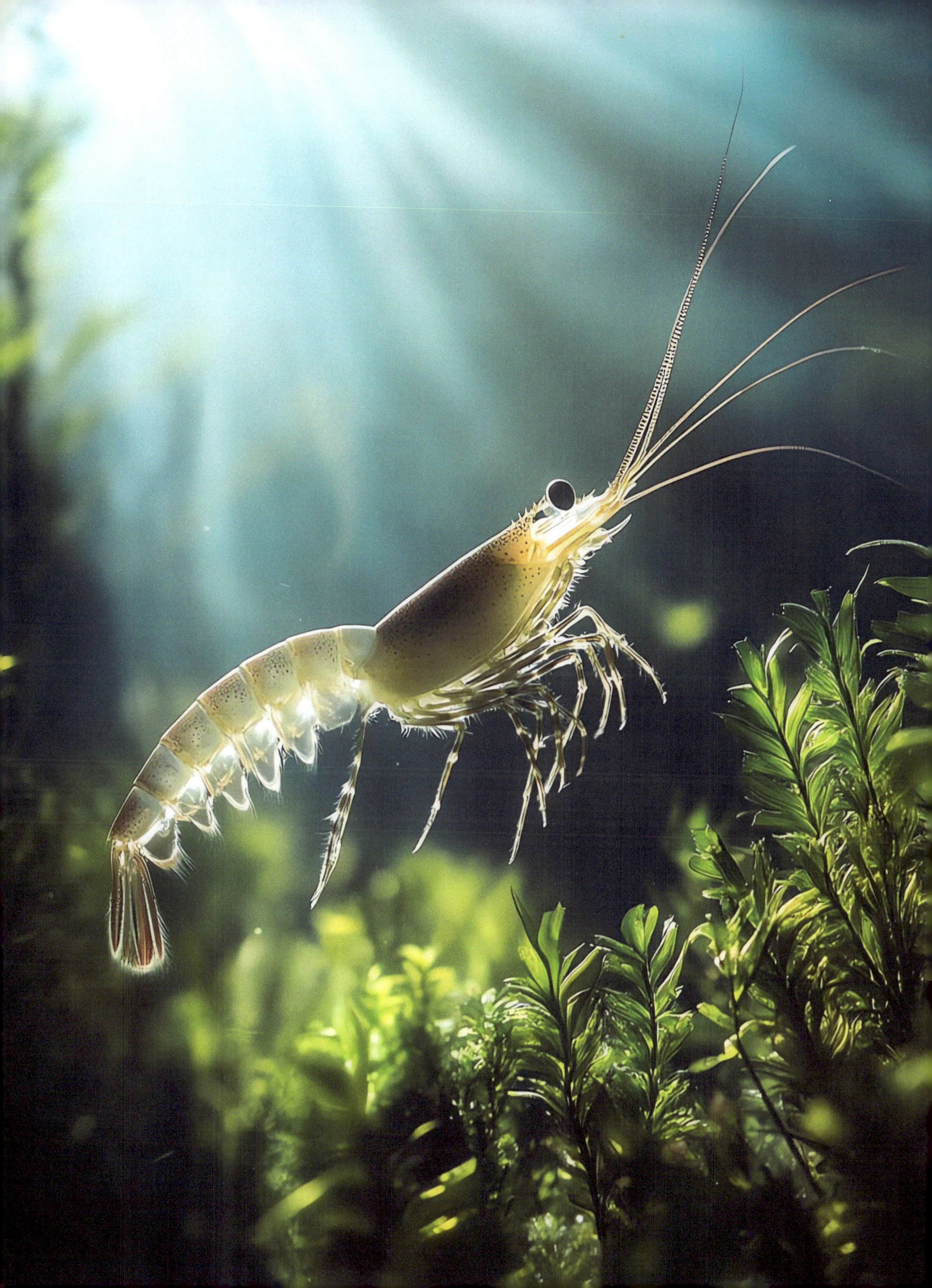

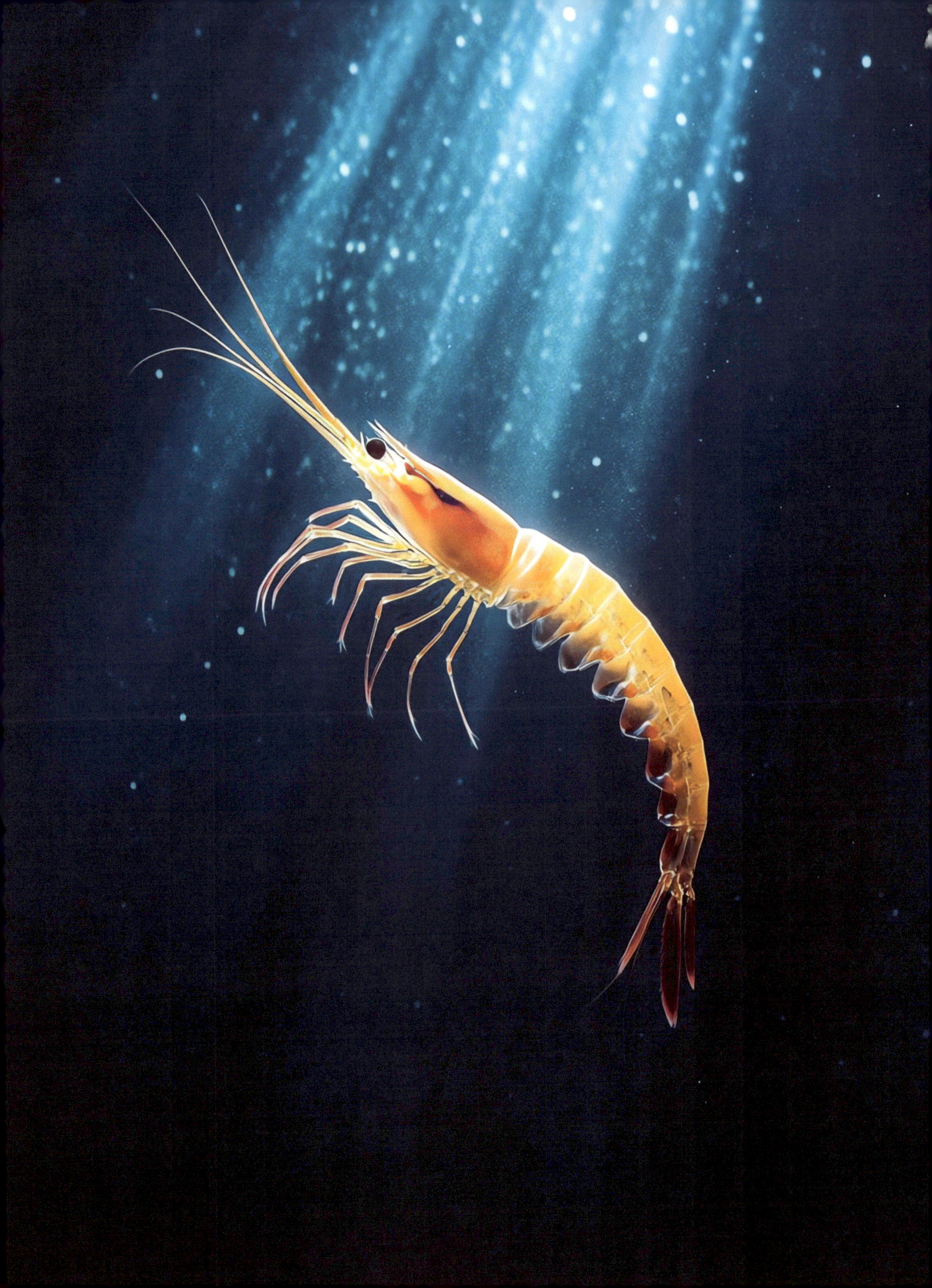

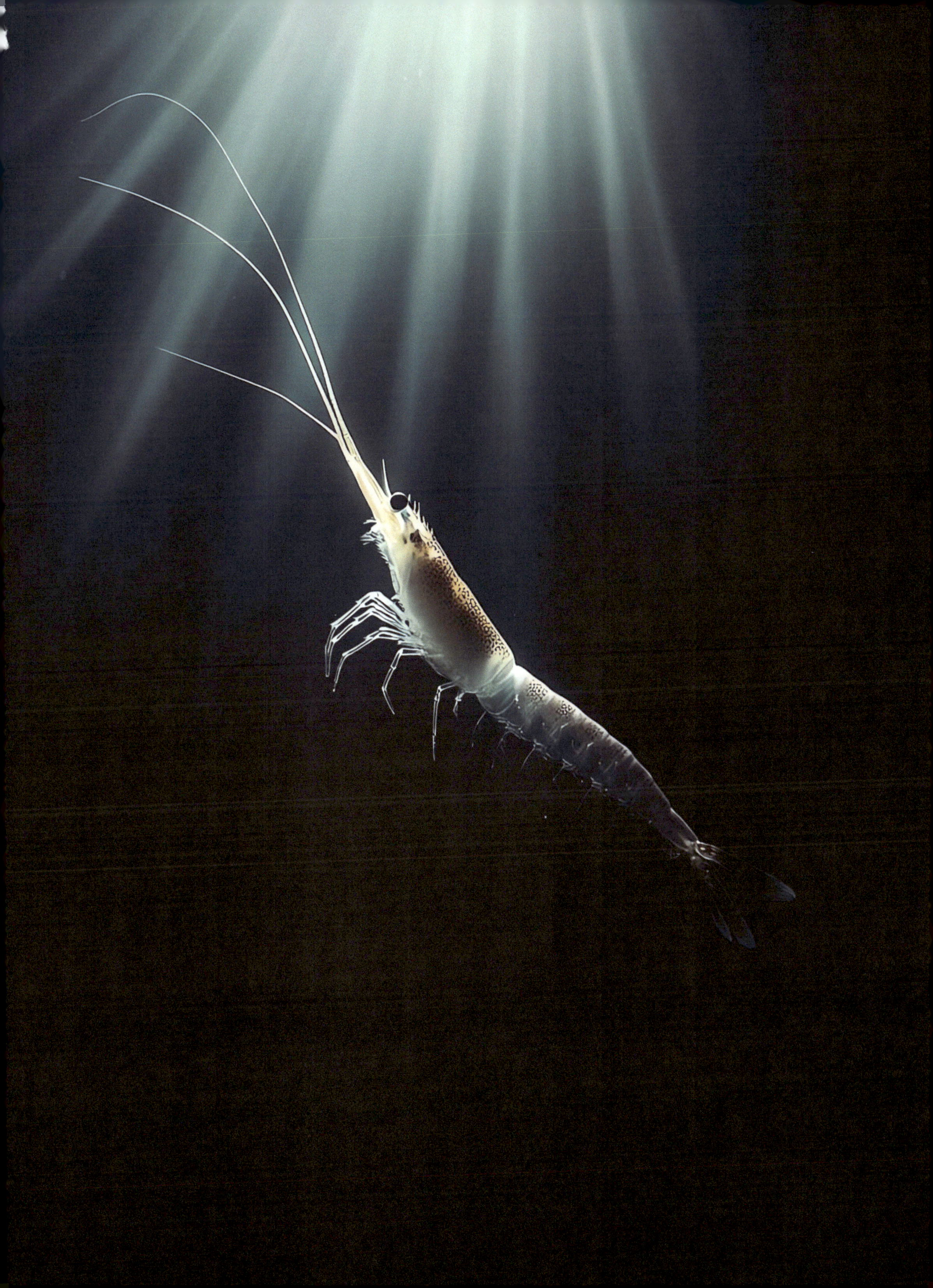

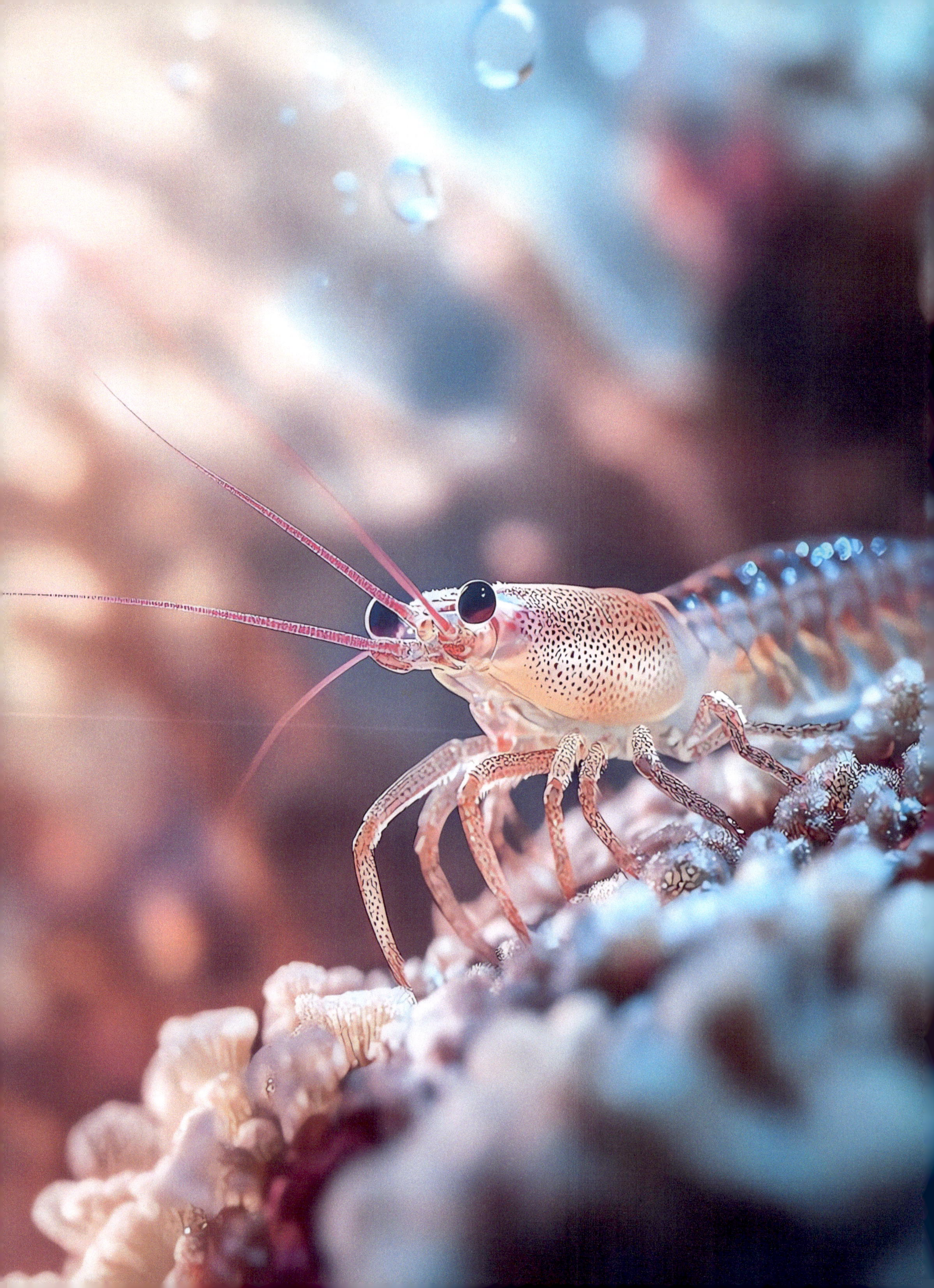

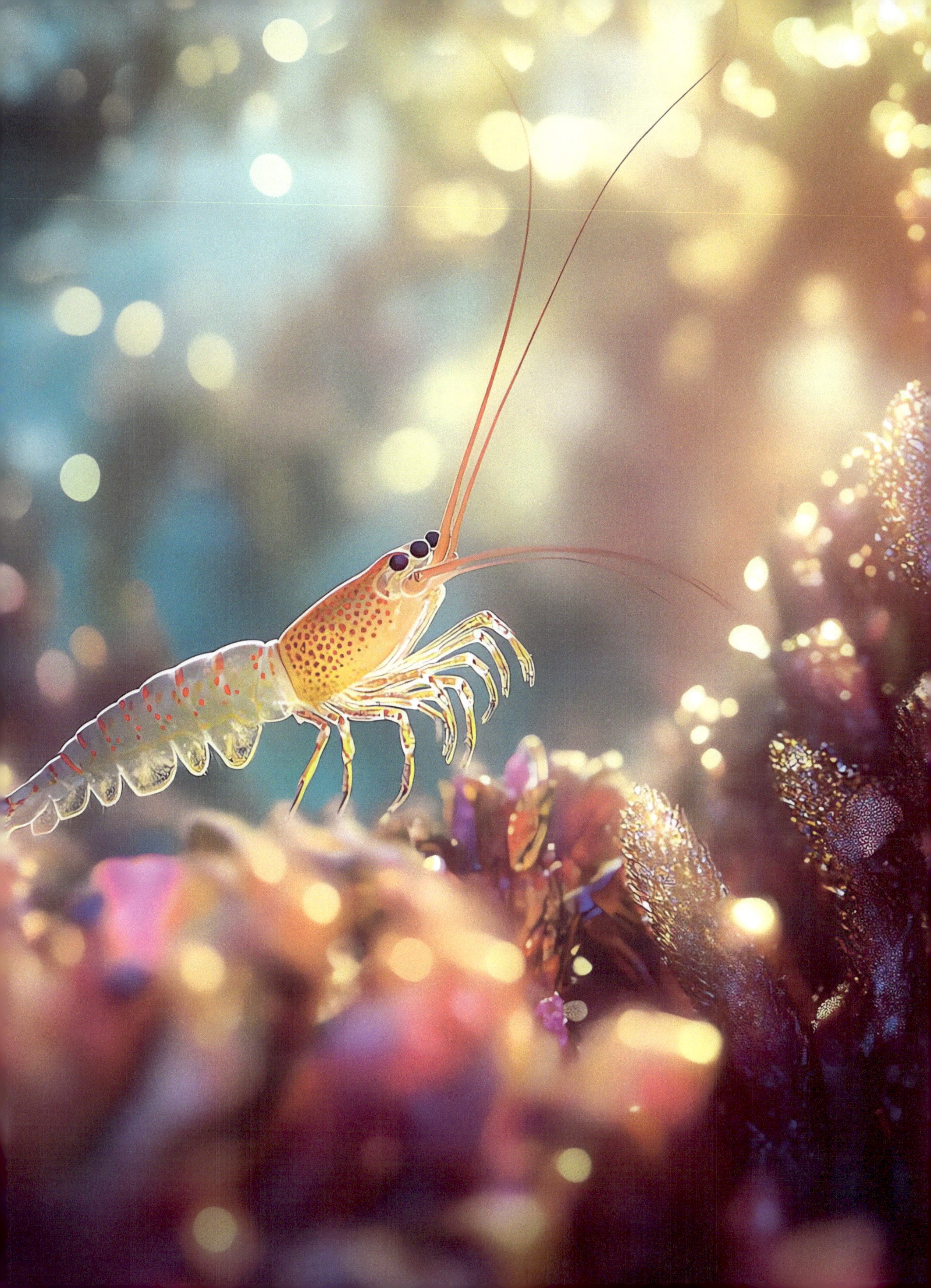

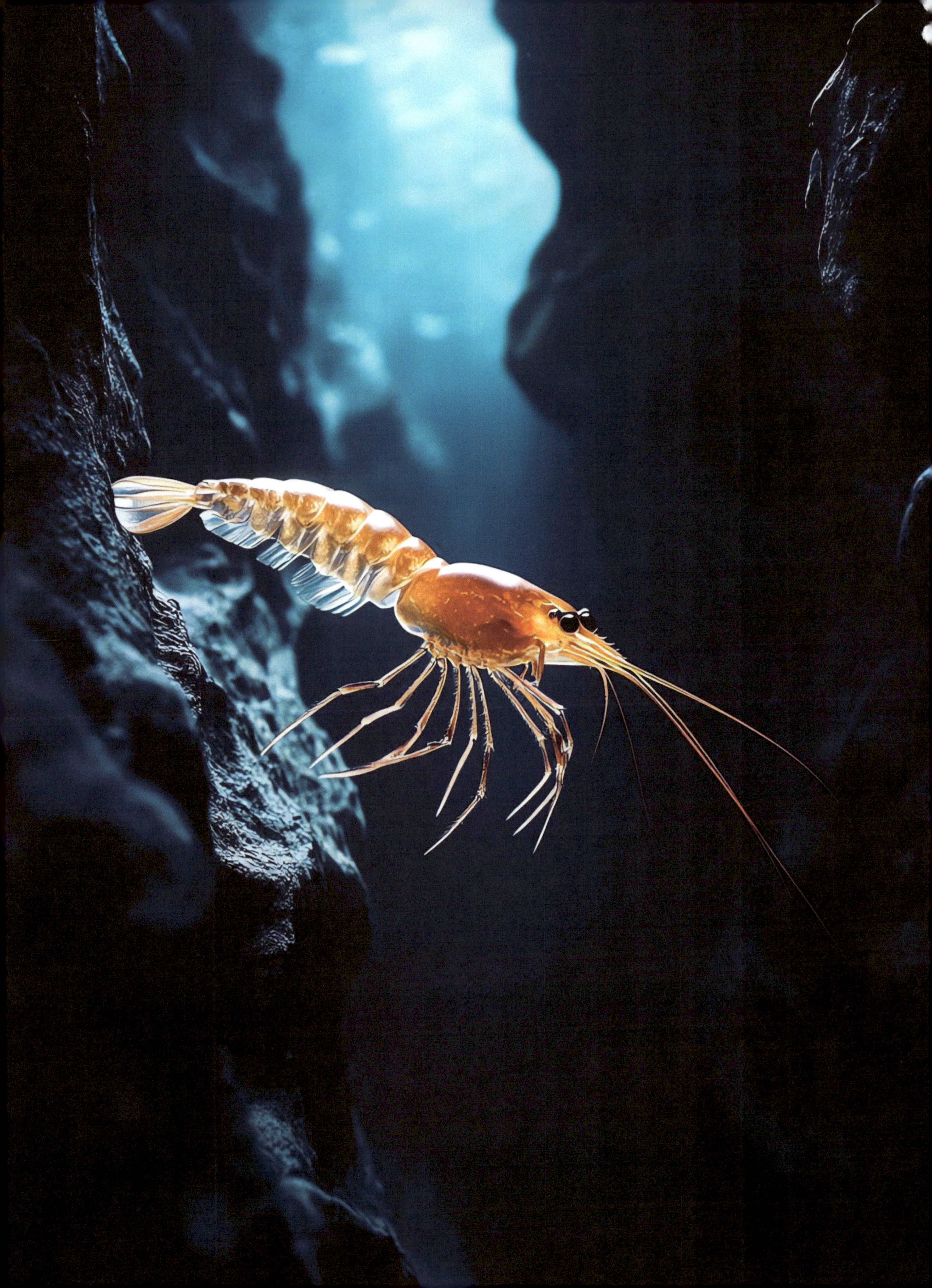

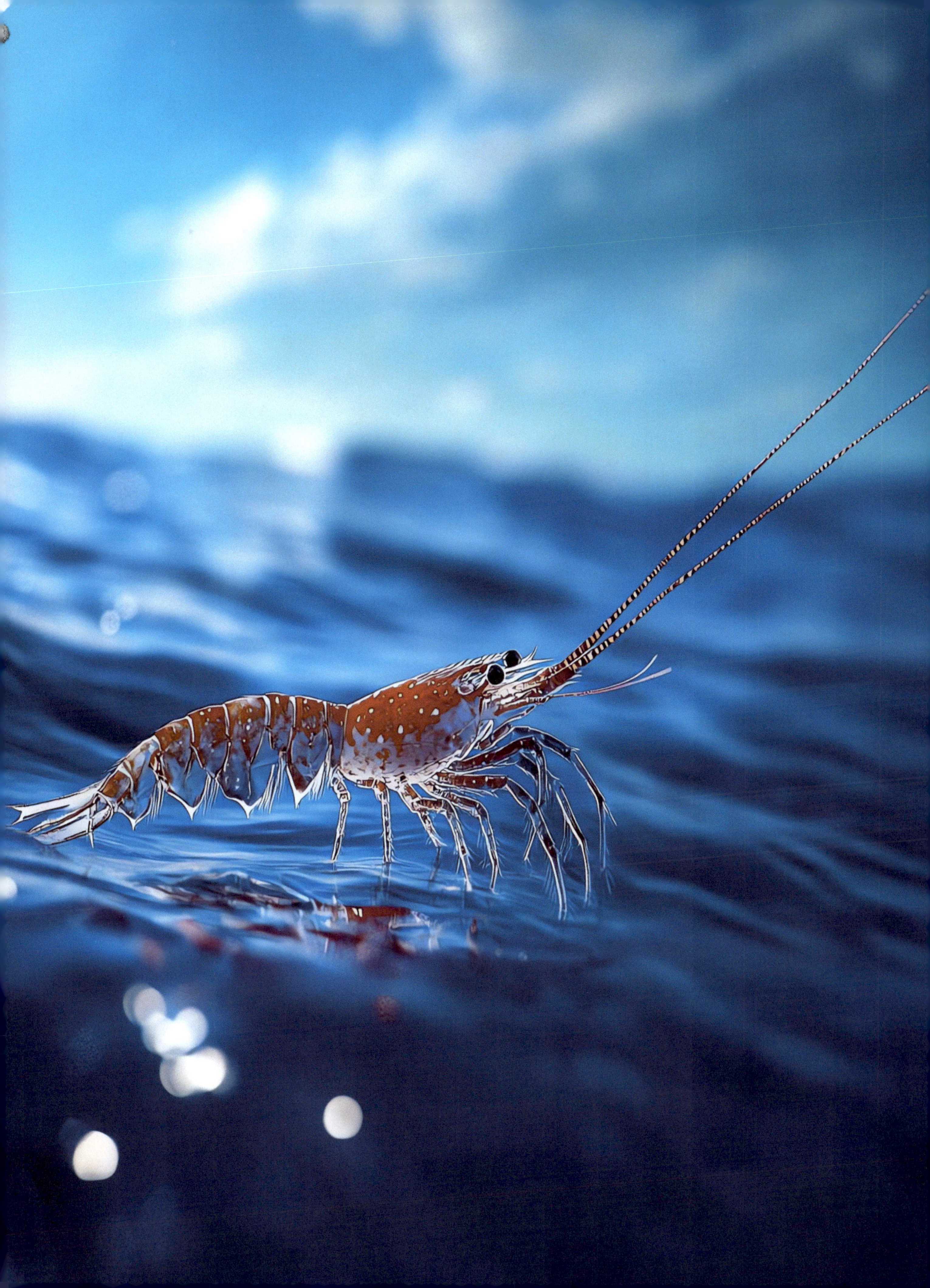

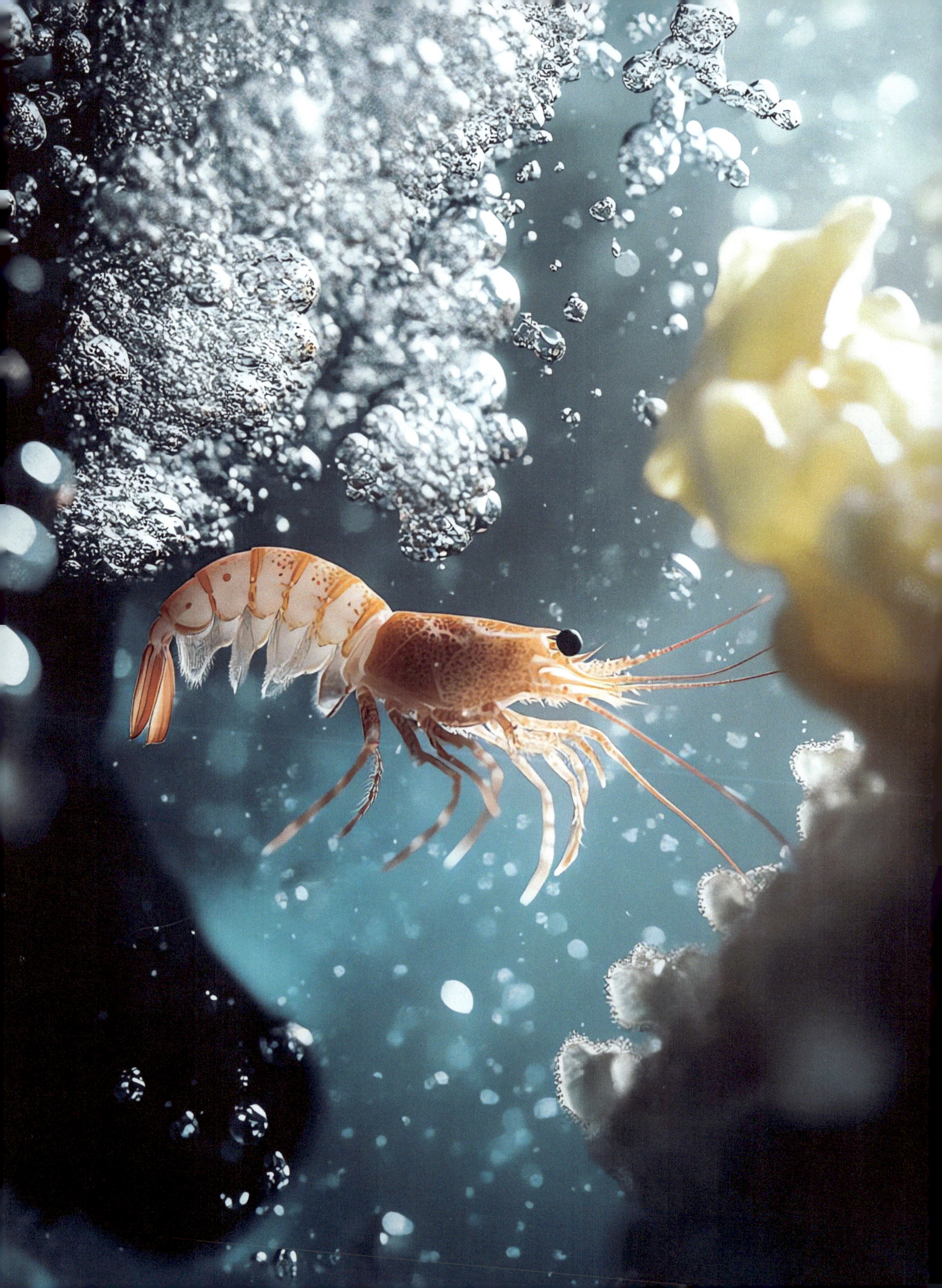

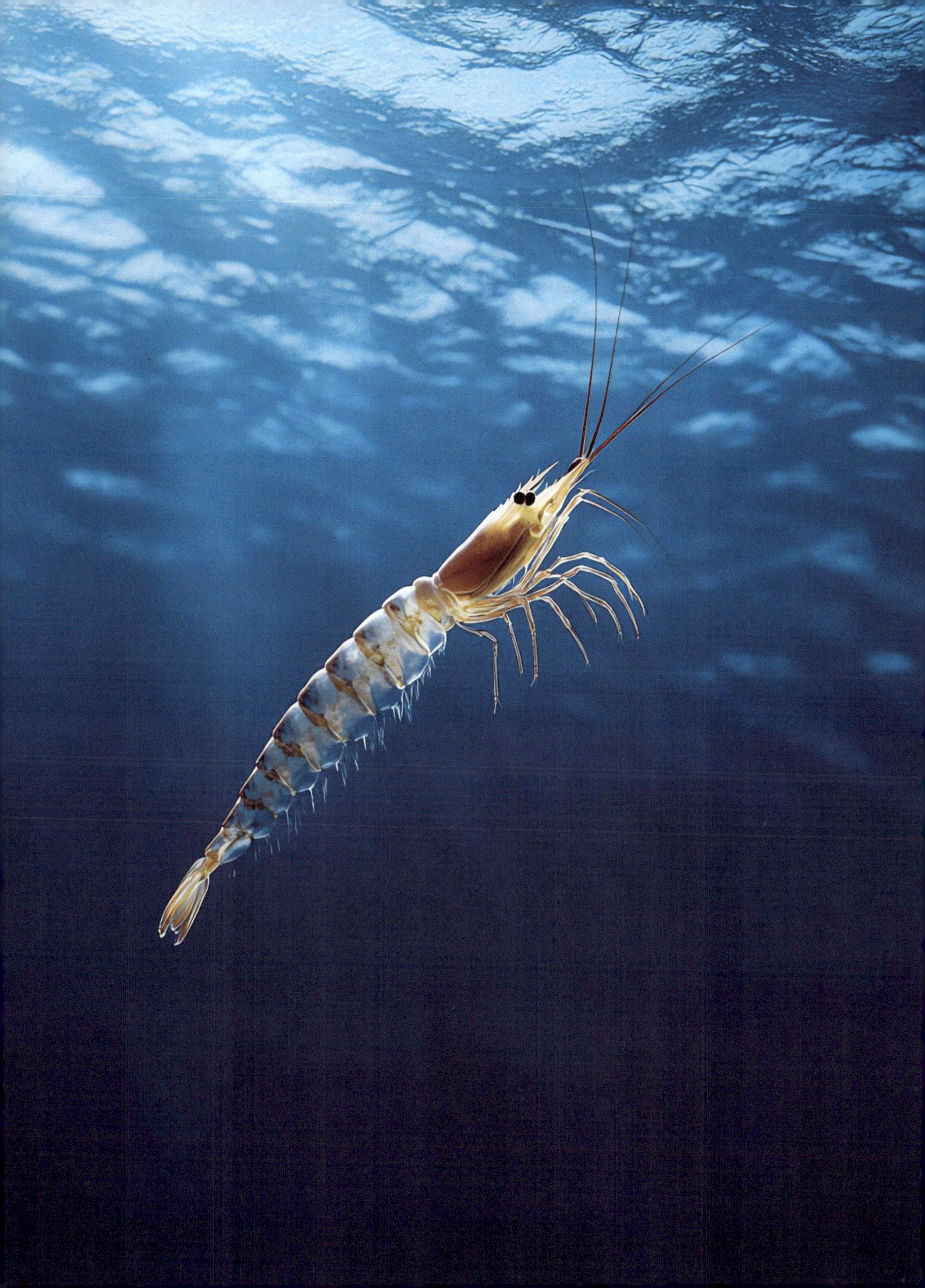

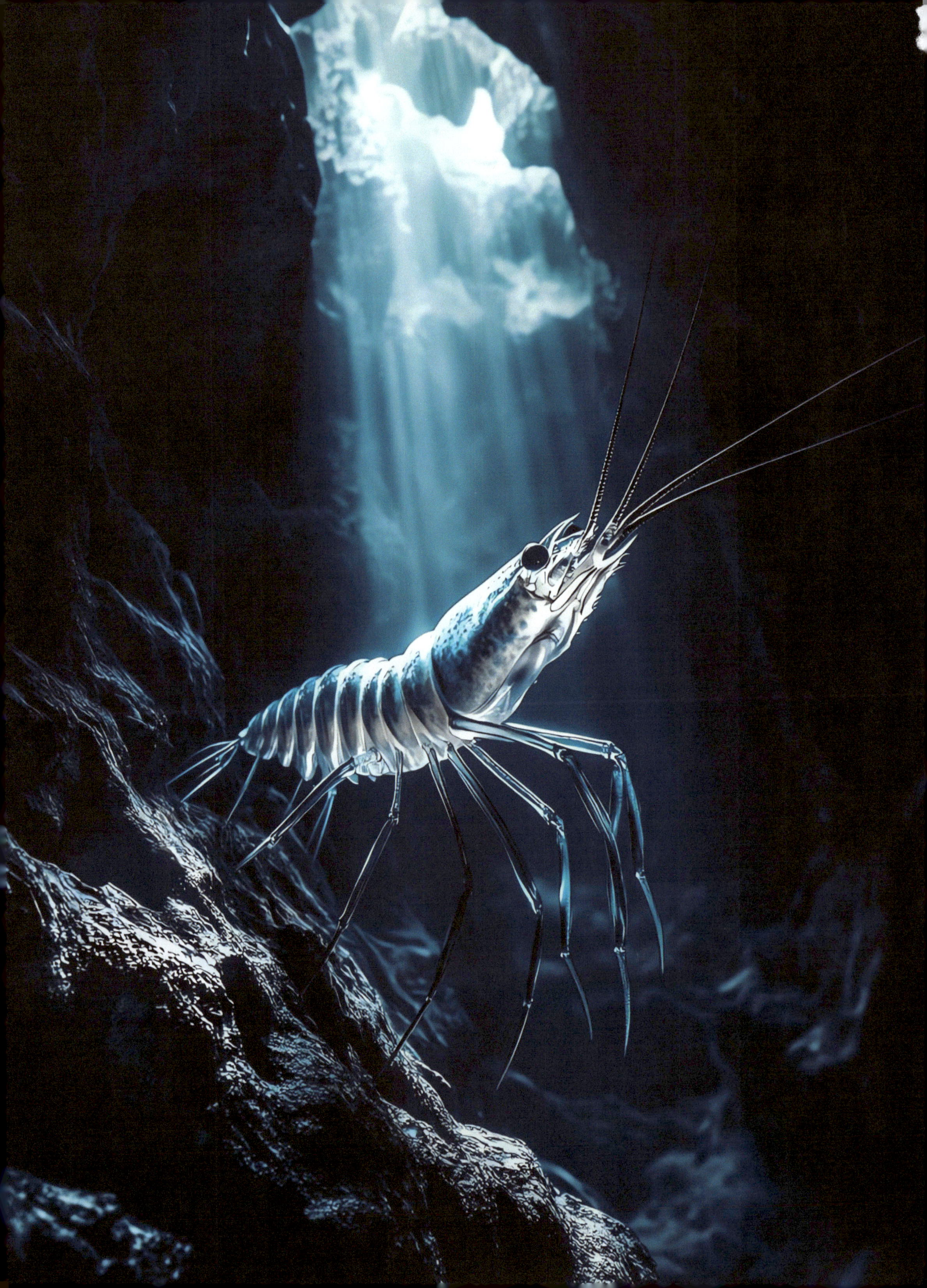

www.ingramcontent.com/pod-product-compliance
Lightning Source LLC
Chambersburg PA
CBHW040441220526
45473CB00004B/1492
* 9 7 9 8 3 0 1 1 9 4 6 4 1 *